AFRIKA

Ägypten

Algerien

Angola

Äquatorialguinea

Äthiopien

Benin

Botsuana

Burkina Faso

Burundi

Demokraische Rep. Kongo

Dschibuti

Elfenbeinküste

Eritrea

Gabun

Gambia

Ghana

Guinea

Guinea-Bissau

Kamerun

Kap Verde

Kenia

Komoren

Kongo

Lesotho

Liberia

Libyen

Madagaskar

Malawi

Mali

Marokko

Mauretanien

Mauritius

Mosambik

Namibia

Niger

Nigeria

Ruanda

Sahara

Sambia

São Tomé und Príncipe

Senegal

Seychellen

Sierra Leone

Simbabwe

Somalia

Südafrika

Sudan

Südsudan

Swasiland

Tansania

Togo

Tschad

Tunesien

Uganda

Zentralafrikanische Rep.

INHALT

Abkürzungen

m = Meter

km = Kilometer

km² = Quadratkilometer

km/h = Kilometer pro Stunde

l = Liter

° = Grad, z. B. Breiten- oder Längengrad

°C = Grad Celsius

Mio. = Million

z. B. = zum Beispiel

u. a. = unter anderem

dt. = deutsch

engl. = englisch

NSL = Neuseeland

Pazifik = Pazifischer Ozean

Atlantik = Atlantischer Ozean

KINDER
WELTATLAS

WIE KARTEN ENTSTEHEN

Ob runder Globus, dicker Atlas, faltbarer Stadtplan oder modernes Navi – sie alle zeigen uns einen verkleinerten Ausschnitt der Erde. Mit ihrer Hilfe finden wir uns besser zurecht, zum Beispiel auf Reisen. Denn niemand kann sich überall auskennen. Wenn du diesen Atlas hier durchblätterst, lernst du obendrein ferne Länder mit ihren Menschen und Bräuchen kennen oder entdeckst Tiere und Pflanzen in ihren typischen Lebensräumen. Doch wie entstehen Karten eigentlich?

Früher hatten die Menschen keine Karten. Stattdessen nutzten sie natürliche Merkmale **zur Orientierung:** auffällige Bäume, Flüsse, Höhlen, Berge. Ihr Entdeckerdrang ließ sie ständig neue Wege finden – erst an Land, später auch auf dem Meer. Dabei orientierten sie sich am Stand von Sonne, Mond und Sternen, an der Wuchsrichtung von Pflanzen und den Wohnorten von Tieren.

Die ersten Karten waren noch sehr ungenau. Um Fehler auszubessern, begannen Forschungsreisende vor etwa 300 Jahren mit der **Vermessung der Welt**. Dafür spannten sie zum Beispiel Dreiecke aus Seilen und rechneten Entfernungen aus. Heute nutzen Wissenschaftler Lasermessgeräte und millimetergenaue Bilder, die von Satelliten vom Weltall aus aufgenommen werden.

Ein **Globus** bildet die kugelige Form der Erde nach. Um die genaue Lage von jedem Ort benennen zu können, ist er mit einem gedachten Gitternetz überzogen. Es sind aber nicht alle Linien eingezeichnet, damit es übersichtlich bleibt. Von Pol zu Pol verlaufen 360 Längengrade. Gekreuzt werden sie von den quer verlaufenden 180 Breitengraden. Der bekannteste unter ihnen ist der Äquator, der unseren Planeten in Nord- und Südhälfte unterteilt. Der sogenannte Nullmeridian verläuft in Längsrichtung vom Nord- zum Südpol. Von ihm aus werden die Längengrade nach Osten und Westen gezählt. Man kann jedem Ort auf der Erde einen Längen- und Breitengrad zuordnen, das sind seine Koordinaten. Die tschechische Hauptstadt Prag hat beispielsweise die Koordinaten 50° Nord und 14° Ost.

Der vermutlich **älteste Stadtplan** der Welt entstand etwa 7500 v. Chr. in der heutigen Türkei. Die Bewohner von Çatalhöyük malten ihre Häuser und zwei Vulkane auf.

Bevor es Karten der Meereswege gab, benutzten **Seefahrer** Kompass, Sextant, Chronometer und ihr selbst geschriebenes Seehandbuch zur Orientierung.

NORDPOL

NULLMERIDIAN

ÄQUATOR

SÜDPOL

Um die runde Erde auf einer flachen Karte abzubilden, wird wie beim **Schälen einer Orange** vorgegangen: Erst die Oberfläche einschneiden und sie dann in Streifen abziehen. Diese Streifen breiten die Kartenmacher platt aus. Damit dabei keine Lücken entstehen, dehnen oder stauchen sie die Einzelteile leicht – dadurch kommt es zu kleinen Verzerrungen, die aber niemanden stören.

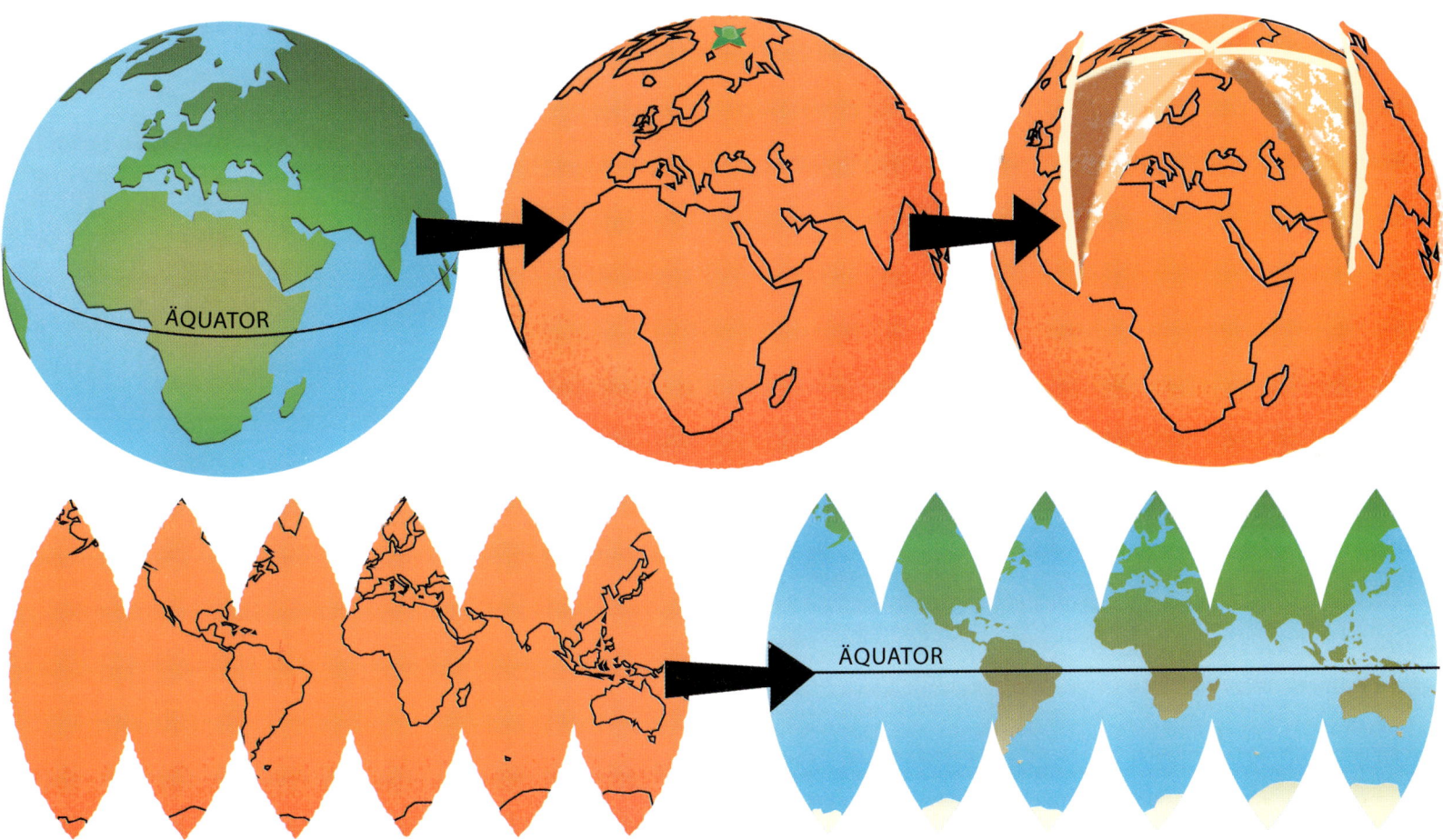

Auf einer **Weltkarte** siehst du die gesamte Erdoberfläche auf einen Blick. Bei uns in Europa steht dabei der Atlantische Ozean im Zentrum. Karten aus Nord- und Südamerika rücken meist den Pazifischen Ozean in die Mitte. Eines wird aber immer gleich dargestellt: Der Nordpol liegt oben, der Südpol unten.

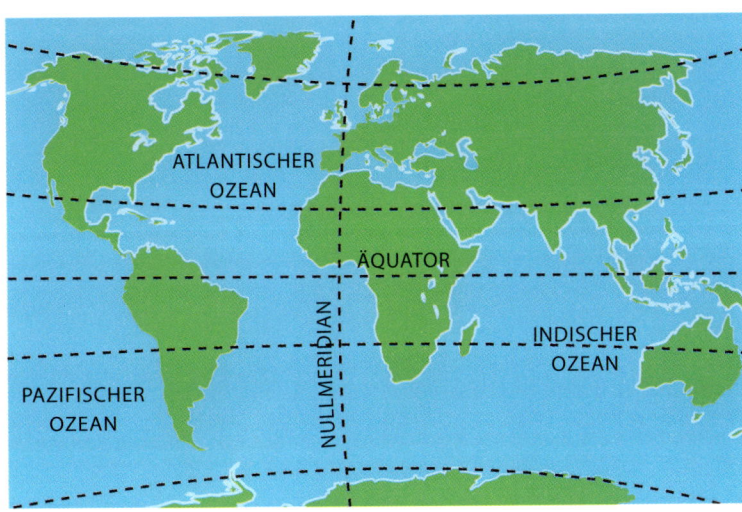

Eine **Reliefkarte** bildet die Erdoberfläche nicht platt, sondern mit fühlbaren Erhebungen ab. Die Alpen bilden zum Beispiel die höchste Erhebung Europas.

WIE KARTEN GELESEN WERDEN

Für die Gegend, in der du viel unterwegs bist, brauchst du keine Karte. Du weißt genau: Am Kletterbaum links geht's zur Schule und hinterm Supermarkt rechts an den Badesee. Wenn du aber eine andere Stadt oder ein fremdes Land besuchst, helfen dir Landkarten und Stadtpläne weiter. Auf diesen Karten ist die Wirklichkeit vereinfacht, von oben und in einem verkleinerten Maßstab abgebildet.

Landkarten und Stadtpläne zeigen dir neben den Landesgrenzen und Hauptstädten auch die wichtigsten Flüsse und Seen. Zu jeder dieser Karten ist außerdem ein **Maßstab** (unten) angegeben. Daran siehst du, wie vielen Kilometern in der Wirklichkeit eine bestimmte Strecke auf der Karte entspricht.

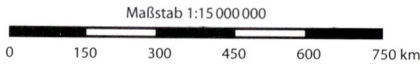

Maßstab 1:15 000 000
0   150   300   450   600   750 km

1. Durch maßstäbliche Darstellung kann man Orte sehr viel kleiner als in Wirklichkeit abbilden. Wenn du in **Paris** bist, siehst du den Eiffelturm in seiner tatsächlichen Größe.

2. Auf dem **Stadtplan** muss der Eiffelturm kleiner als in Wirklichkeit gezeichnet werden, das heißt, man wählt einen kleineren Maßstab. Hier entsprechen zum Beispiel 1 cm auf dem Plan 100 m in der Wirklichkeit, man spricht von einem Maßstab von 1:10 000.

0   100
m

3. Will man zum Beispiel die Stadt Paris mit all ihren **Zufahrtsstraßen** (große Straßen sind blau, kleine rot eingezeichnet) auf einer Karte abbilden, sind selbst große Bauwerke wie der Eiffelturm darauf nicht mehr zu sehen.

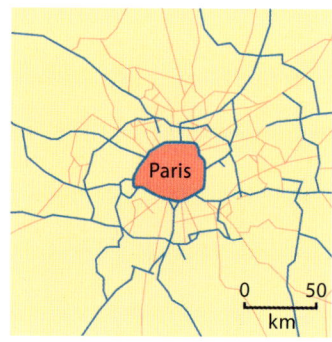

Paris

0   50
km

4. Bei dieser Karte ist der Maßstab noch kleiner gewählt. Weder der Eiffelturm noch die Straßen um Paris sind hier eingezeichnet. Dafür ist ganz Frankreich in seinen **Landesgrenzen** dargestellt.

0   400
km

Auf einer Karte ist oben immer Norden und unten Süden. Auf einigen Karten ist ein Nordpfeil abgebildet. Er zeigt die **Himmelsrichtungen** an. Wenn du dich in der Wirklichkeit anhand einer Karte orientieren möchtest, kannst du zusätzlich einen Kompass benutzen. Seine Nadel zeigt nämlich immer nach Norden.

Ursprünglich bezeichnete das Wort **„navigieren"** nur das Steuern von Schiffen. Das, was damals die Seeleute konnten, übernehmen heute oft Navigationsgeräte: Sie wissen, wo wir sind, finden den kürzesten Weg und bleiben auf Kurs – egal, wie oft wir falsch abbiegen.

Fast alle modernen Autos und Handys sind mit **Navigationsgeräten,** kurz Navis, ausgestattet. Sie nutzen gespeicherte Karten und **GPS** (engl.: **G**lobal **P**ositioning **S**ystem, dt.: globales System zur Ortsbestimmung) und stehen ständig in Kontakt mit speziellen Satelliten im Weltall. Mindestens vier von ihnen schicken ununterbrochen Signale an die Navigationsgeräte. Daraus errechnen diese, wo sie sich gerade befinden und wie man von dort aus am besten zum eingegebenen Ziel kommt.

Im Internet gibt es sogar Karten, die kein vereinfachtes Abbild der Wirklichkeit zeigen, sondern echte **Satellitenfotos** verwenden. Wenn du darauf eine Adresse suchst, findest du von dem Ort ein Foto, das aus dem Weltraum aufgenommen wurde. Du hast dann also einen Astronautenblick! Hier siehst du das Nildelta in Ägypten von oben.

LEGENDE

Wenn du eine Karte lesen möchtest, schaue dir zuerst die **Legende** genau an. Dort wird erklärt, was die Symbole und Zeichen auf der Karte bedeuten. So sieht die Legende für dieses Buch aus:

Industrie — Reis

Holzwirtschaft — Äpfel und Birnen

Erdöl — Zitrusfrüchte

Erdgas — Bananen

Edelsteine — Weinanbau

Edelmetalle — Oliven

Bergbau — Teepflanze

Tourismus — Kaffee

Fischfang — Kakao

Rinder — Gewürze

Milchwirtschaft — Baumwolle

Schafe — Kautschuk

Schweine — Korkeiche

Mais — Zuckerrohr

Weizen — Erdnüsse

 Gebirge

 Vulkan

DIE LÄNDER DER ERDE

Karten können verschiedene Dinge hervorheben. Auf einer politischen Karte siehst du die Ländernamen, Grenzen, Hauptstädte und wichtige andere Städte. Jedes Land bekommt für so eine Karte eine eigene Farbe. Eine topografische Karte zeigt dir dagegen die natürliche Beschaffenheit der Erde, also Gewässer, Gebirgszüge und die Vegetation. Ab Seite 14 wechseln sich jeweils politische und topografische Karten ab.

Das **größte Land** ist mit einer Fläche von 17 Mio. km² Russland. Der Rekordstaat ist damit 47-mal so groß wie Deutschland. Russland liegt größtenteils in Asien, ein Teil erstreckt sich aber auch auf den europäischen Kontinent. Das **kleinste Land** ist übrigens der europäische Staat Vatikanstadt, mitten in Rom. Es ist nur 0,44 km² klein.

Die meisten Menschen leben in der Volksrepublik China in Asien: etwa 1,4 Milliarden. Mit rund 840 Einwohnern ist die Vatikanstadt in Europa dagegen ungeschlagener Sieger in der Kategorie „niedrigste **Einwohnerzahl** in einem ganzen Land".

GRÖNLAND (DÄNEMARK)

KANADA

VEREINIGTE STAATEN VON AMERIKA (USA)

NÖRDLICHER WENDEKREIS

MEXIKO

KUBA
HAITI
DOMINIK. REPUBLIK
PUERTO RICO (USA)
BELIZE
GUATEMALA
HONDURAS
EL SALVADOR
NICARAGUA
JAMAIKA
COSTA RICA
PANAMA

Pazifischer Ozean

Atlantischer Ozean

VENEZUELA
GUYANA
SURINAME
FRANZ.-GUAYANA
KOLUMBIEN
ECUADOR
PERU

ÄQUATOR

BRASILIEN

BOLIVIEN
PARAGUAY
CHILE
URUGUAY
ARGENTINIEN

VEREINIGTES KÖNIGREICH
FRANKREICH
PORTUGAL
SPANIEN
MAROKKO
ALGERIEN
SAHARA
MAURETANIEN
MALI
SENEGAL
GAMBIA
GUINEA-BISSAU
GUINEA
SIERRA LEONE
LIBERIA
ELFENBEIN-KÜSTE
BURKINA FASO
GHANA
TOGO
BENIN

NULLMERIDIAN

Die **Stadt mit den meisten Einwohnern** ist Mexikos Hauptstadt Mexiko-Stadt. In ihr leben über 20 Mio. Menschen – mehr als in ganz Österreich und der Schweiz zusammen!

SÜDLICHER WENDEKREIS

Die Panamericana verläuft zwischen Alaska und Feuerland, also über die gesamte Länge des amerikanischen Doppelkontinents. Die **längste Straße** der Welt ist fast 26 000 km lang.

Afrika ist in über 50 Länder unterteilt. Diese Zahl ändert sich manchmal durch Konflikte, Aufstände oder weil sich manche Gegenden von ihren ursprünglichen Staaten abspalten – nicht nur in Afrika, sondern überall auf der Welt. In Afrika gibt es aber besonders **viele kleine Staaten,** z. B. Lesotho, das mitten in einem anderen Land liegt: in Südafrika.

QUIZ!

Wo steht das höchste Gebäude der Welt?

(SPITZBERGEN (NORWEGEN)

NÖRDLICHER POLARKREIS

RUSSLAND

NORWEGEN
SCHWEDEN
FINNLAND
WEISSRUSSLAND (BELARUS)
DEUTSCH-LAND
POLEN
UKRAINE
RUMÄNIEN
ITALIEN
TÜRKEI
SYRIEN
LIBANON
ISRAEL
IRAK
JORDANIEN
IRAN
KUWAIT
AFGHANISTAN
KATAR
VEREINIGTE ARABISCHE EMIRATE
SAUDI-ARABIEN
OMAN
ÄGYPTEN
LIBYEN
JEMEN
NIGER
TSCHAD
SUDAN
ERITREA
DSCHIBUTI
ÄTHIOPIEN
NIGERIA
KAMERUN
ZENTRAL-AFRIK. REP.
SÜD-SUDAN
GABUN
KONGO
D. R. KONGO
UGANDA
RUANDA
BURUNDI
KENIA
SOMALIA
TANSANIA
ANGOLA
SAMBIA
MALAWI
MOSAMBIK
SIMBABWE
NAMIBIA
BOTSUANA
SÜDAFRIKA
SWASILAND
LESOTHO
MADAGASKAR

KASACHSTAN
USBEKISTAN
TURKMENISTAN
KIRGISISTAN
TADSCHIKISTAN
MONGOLEI
CHINA
NORDKOREA
SÜDKOREA
JAPAN
PAKISTAN
NEPAL
BHUTAN
INDIEN
MYANMAR
BANGLADESCH
LAOS
THAILAND
KAMBODSCHA
VIETNAM
SRI LANKA
MALAYSIA
SINGAPUR
BRUNEI
PHILIPPINEN
TAIWAN

Indischer Ozean

Pazifischer Ozean

INDONESIEN
PAPUA-NEUGUINEA

AUSTRALIEN

NEUSEELAND

Die **Bevölkerungsdichte** gibt an, wie viele Menschen auf einer Fläche von einem mal einem Kilometer (1 km²) leben. Das kleine Monaco hat mit um die 17 000 Einwohnern pro km² die höchste Bevölkerungsdichte. Die Mongolei in Asien dagegen ist fast unbevölkert. Dort leben nur etwa 2 Einwohner pro km².

Der Burj Khalifa ragt in Dubai, Vereinigte Arabische Emirate, 828 m hoch in die Luft. Das **höchste Gebäude** der Welt wurde 2010 fertiggestellt und ist mehr als doppelt so hoch wie der Berliner Fernsehturm. Auf über 160 Etagen sind ein Hotel, Luxus-Wohnungen, Restaurants, Büros und Aussichtsplattformen untergebracht.

Die **flächenmäßig größte Stadt** der Welt ist Chongqing in China mit 82 403 km². Die Stadt ist damit fast so groß wie Österreich.

Chongqing
CHINA

DIE KLIMAZONEN DER ERDE

Regen, Schnee, Sonnenschein – das Wetter ändert sich immer wieder. Das Klima dagegen beschreibt das typische Wetter an einem bestimmten Ort über einen längeren Zeitraum betrachtet. Es hängt von verschiedenen Punkten ab. Zum Beispiel ist es umso heißer, je näher ein Ort am Äquator liegt. Und umso kälter, feuchter und windiger, je höher sich eine Gegend in den Bergen befindet. Auch die Nähe zum Meer hat Einfluss auf das Klima: Die große Wasserfläche gleicht extreme Temperaturen aus.

- Polarzone
- Subpolarzone
- Gemäßigte Zone
- Subtropische Zone
- Tropen

Schwertwal

Weißer Hai

Nicht umsonst heißt das **Death Valley** in Kalifornien, USA, übersetzt „Tal des Todes". Dort fühlt es sich wie in einem Backofen an. Am 10. Juli 1913 wurde die bisher höchste Temperatur von 56,7 °C gemessen. Und am 12. Juli 2012 erreichte das Thermometer in der Nacht noch 41,7 °C. Wenn du dir vorstellst, wie heiß ein Sommertag mit 30 °C bei uns ist, weißt du, wie extrem diese Temperaturen sind.

Tintenfisch

Die **Subtropen** liegen zwischen der gemäßigten Zone und den Tropen rund um den Äquator. Dort ist es meist extrem heiß und trocken. Kein Wunder, dass genau in dieser Klimazone Wüsten wie die Sahara in Afrika oder die Atacama in Südamerika entstanden.

Buckelwal

In der **trockensten Gegend** der Erde, in den Trockentälern der Antarktis, gab es vermutlich seit Millionen von Jahren keinen Niederschlag. Dort herrschen nämlich trockene Winde, die jede Feuchtigkeit wie ein Schwamm aufsaugen.

Der **Kälterekord** wurde am 21. Juli 1983 mit -89,2 °C bei einer Forschungsstation in der Antarktis aufgestellt. Die niedrigste Temperatur an bewohnten Orten wurde in Oimjakon und Werchojansk im subpolaren Sibirien gemessen und erreichte den Tiefstwert von -67,8 °C.

Kegelrobbe

An Nord- und Südpol herrscht bitterkaltes **Polarklima.** Selbst im Sommer klettert das Thermometer kaum über den Gefrierpunkt bei 0 °C.

Europa liegt zum Großteil in der **gemäßigten Klimazone.** Es gibt vier Jahreszeiten: Frühling, Sommer, Herbst und Winter. Die Sommer sind nicht glühend heiß, die Winter nicht bitterkalt. Außerdem fällt immer ausreichend Niederschlag in Form von Regen oder Schnee.

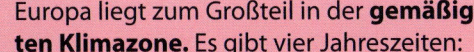
Großer Tümmler

Mantarochen

Für den **regenreichsten Ort** der Erde gibt es gleich mehrere Anwärter. Unter anderem erheben diese drei Orte Anspruch darauf: Mount Waialeale auf der Hawaii-Insel Kauai, USA, sowie in Indien die beiden Orte Mawsynram und Cherrapunji. An allen drei Orten fallen zwischen 11 000 und 13 000 l Regen pro Quadratmeter im Jahr. In Deutschland sind es übrigens um die 750 l.

ÄQUATOR

In den **Tropen** nördlich und südlich des Äquators ist es immer heiß und feucht. Jahreszeiten kennen die Menschen hier nicht.

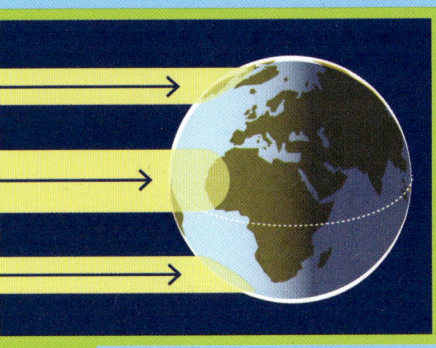

Weil die Erde eine kugelige Form hat, fällt die **Sonne** überall mit einem anderen Winkel auf die Oberfläche. Dabei gilt: je steiler der Winkel, umso kälter das Klima.

EUROPA

Istriotisch, Arpitanisch und Färöisch – dies sind nur ein paar der über 100 verschiedenen Sprachen, die in Europa gesprochen werden. Wie die Sprachen unterscheiden sich Kulturen und Traditionen von Land zu Land, manchmal sogar von Region zu Region. Das spiegelt sich auch im Essen wider, z. B. beim Brot. In Nordeuropa isst man es als knuspriges Knäckebrot, in Deutschland ist dunkles Brot sehr beliebt und in Südeuropa eher Weißbrot.

Maßstab 1:15 000 000

0   150   300   450   600   750 km

Der **längste Ortsname** Europas lautet „Llanfairpwllgwyngyllgogerychwyrndrobwllllantysiliogogogoch". Der kleine Ort in Wales wird der Einfachheit halber oft mit Llanfair PG abgekürzt. Wales liegt im Westen Großbritanniens, der großen Insel des Vereinigten Königreichs.

In Europa liegen über 40 dicht besiedelte Staaten, unter ihnen viele hoch entwickelte Industrienationen wie Deutschland, Belgien und Frankreich. Einige europäische Staaten haben sich in der **Europäischen Union** (kurz: EU) zusammengeschlossen und auf gleiche Grundsätze geeinigt. Viele dieser EU-Länder haben sogar die gleiche Währung, den Euro.

Der **Eiffelturm** ist das Wahrzeichen von Paris, der Hauptstadt Frankreichs. Er ist 324 m hoch und aus etwa 18 000 Stahlteilen zusammengesetzt. Der Turm wurde 1889 fertiggestellt und war bis 1930 das höchste Bauwerk der Welt.

Durch den **Gotthard-Basistunnel** fahren Züge aus der Schweiz bis nach Italien, ohne dass sie mühevoll durch die hohen Berge der Alpen gondeln müssen. Der längste Eisenbahntunnel der Welt bringt es auf 57,1 km Länge und liegt an einigen Stellen über 2000 m unter dem nächsten Berggipfel.

Schon vor über 100 Jahren begann der Bau der **Sagrada Familia** in Barcelona, Spanien. Damals lag die Stadt noch in weiter Ferne. Heute ist die Dauerbaustelle von Wohnhäusern umgeben. Der Stil ihres Architekten Antoni Gaudí ist unverwechselbar: der Natur nachgeahmte Formen, schräge Stützen und ungewöhnliche Verzierungen.

Reykjavik
ISLAND

Europäisches Nordmeer

Wikingerschiff

NORWEGEN

Oslo

Kleine Meerjungfrau

VEREINIGTES KÖNIGREICH

Nordsee

DÄNEMARK

Kopenhagen

Atlantischer Ozean

IRLAND

Dublin

Tower Bridge

London   Amsterdam

NIEDERLANDE

Berlin

Windmühle

Brandenburger Tor

Brüssel

BELGIEN

DEUTSCHLAND

Elbe

Seine

LUXEMBURG

Prag

Paris

FRANKREICH

Loire

Rhein

Donau

Schweizer Käse

Bern   Vaduz

Triumphbogen

SCHWEIZ

LIECHTENSTEIN

ÖSTERREICH

Ljubljana

SAN MARINO

Po

Rhône

ANDORRA

VATIKANSTADT

MONACO

ITALIEN

PORTUGAL

Lissabon

Tajo

Flamenco-Tänzerin

Madrid

Ebro

Barcelona

Rom

SPANIEN

Colosseum

MALTA

Valletta

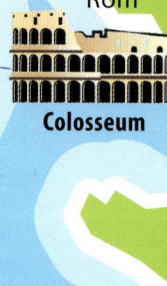

Fast jedes Haus in **Finnland** verfügt über eine eigene Sauna. Denn Finnen lieben nichts mehr als das Schwitzen bei bis zu 90 °C. Danach duschen sie sich mit eiskaltem Wasser ab oder wälzen sich einfach im Schnee. Dieser ausgeprägte Wechsel von Heiß und Kalt härtet ab und stärkt so die Gesundheit. Deshalb werden schon Babys mit zum Saunieren genommen.

QUIZ!

Wie viele Sterne gibt es auf der Europäischen Flagge?

Der **Wiener Walzer** ist der vermutlich älteste Gesellschaftstanz, der es bis in die heutige Zeit geschafft hat. Sein Name ergibt sich aus dem Wort „walzen", was vor etwa 300 Jahren noch „sich drehen" bedeutete. Und genau das macht das Tanzpaar beim Walzer fast die ganze Zeit. Besonders eindrucksvoll ist es, wenn der alljährliche Wiener Opernball von 180 Tanzpaaren mit einem Wiener Walzer eröffnet wird.

Ungarische Pferdehirten werden Csikós genannt. Sie sind für ihre Reitkünste und die Dressur von Pferden bekannt.

Jede Region in Europa hat ihre eigene **Tracht,** also traditionelle Kleidung. Meist wird Tracht im Alltag nicht mehr getragen, sondern nur zu Volksfesten. Zur Tracht der Frauen gehören oft reich verzierte Hauben. In jedem Landstrich sehen die Hauben anders aus, mal sind sie aus weißem Strick, mal aus silbernem Stoff oder aber ganz ausgefallen mit Glasperlen verziert.

Die türkische Stadt **Istanbul** liegt genau auf der Grenze zwischen Europa und Asien. Im europäischen Teil Istanbuls steht die Hagia Sophia, ein beeindruckendes Bauwerk, das früher als Kirche, später als Moschee diente und heute ein Museum ist.

SCHWEDEN

FINNLAND

Nördl. Dwina

Helsinki

Stockholm

Tallinn

ESTLAND

Wolga

LETTLAND

Riga

Ostsee

LITAUEN

Vilnius

WEISS-
RUSSLAND
(BELARUS)

Moskau

RUSSLAND

Ural

KASACHSTAN

Schloss Mir

Minsk

POLEN

Oder

Weichsel

Warschau

Kiew

Karlsbrücke

Basilius-Kathedrale

Dnipro

Wolga

Don

Kaspisches Meer

TSCHECHISCHE
REPUBLIK

UKRAINE

SLOWAKEI

Bratislava

Wien

Budapest

Kischinau

MOLDAU

SLOWENIEN

UNGARN

Zagreb

RUMÄNIEN

Tanzender
Derwisch

GEORGIEN

Tiflis

Baku

BOSNIEN/
HERZEGOWINA

SERBIEN

Alexander-Newski-Kathedrale

Belgrad

Bukarest

ASERBAIDSCHAN

KROATIEN

Sarajevo

ARMENIEN

MONTENEGRO

KOSOVO

Pristina

Sofia

Schwarzes Meer

Jerewan

Podgorica

ALBANIEN

Skopje

BULGARIEN

Hagia Sophia

TÜRKEI

MAZEDONIEN

Tirana

Istanbul

Ankara

Weiße Kirche

Athen

GRIECHENLAND

Nikosia

ZYPERN

Mittelmeer

15

Island ist eigentlich eine große Vulkaninsel. Deshalb brodelt es unter der Erdoberfläche ununterbrochen – an unzähligen Stellen in Form von heißen Quellen auch für uns sichtbar. Spritzt eine solche blubbernde Wasserstelle ihren Inhalt mehrere Meter in die Luft, nennt man sie Geysir. Ein unvergessliches Naturschauspiel!

Die **Nordseeküste** in Deutschland, Dänemark und den Niederlanden hat ausgeprägte Gezeiten: Bei Flut kommt das Meer bis ans Ufer, bei Ebbe zieht es sich weit zurück und legt das Wattenmeer frei. Es ist ein einzigartiger Lebensraum, den etwa 10 000 Tier- und Pflanzenarten ihr Zuhause nennen, z. B. Wattwurm, Kegelrobbe, Austernfischer und Strandkrabbe.

Großbritannien ist die größte europäische Insel. Durch den warmen **Golfstrom** herrscht dort ein so mildes Klima, dass in Schottland sogar Palmen wachsen.

Die **Alpen** erstrecken sich von Österreich über die Schweiz bis ans französische Mittelmeer. Der Mont Blanc ist mit 4810 m ihr höchster Gipfel. Das große Gebirge bietet für Tiere und Pflanzen eine riesige Vielfalt an Lebensräumen. Das ist sicher auch einer der Gründe, warum so viele Urlauber diesen Erholungsraum schätzen. Im Sommer findet man zudem wunderschöne Wanderwege und im Winter unzählige Skigebiete.

Der **Ätna** in Italien ist der aktivste und gleichzeitig höchste Vulkan Europas. Da sich seine Höhe mit jedem Ausbruch ändert, kann man sie nur ungefähr angeben: 3300 m.

NULLMERIDIAN

Islandpony

FÄRÖER (DÄNEMARK)

...ch

...SKAN...

Austernfischer

Kegelrobbe

Eisvogel

Nordsee

Themse

Rhein

Elbe

Atlantischer Ozean

Laubfrosch

Seine

Rothirsch

Krabbe

Wildschwein

Ebro

Loire

PYRENÄEN

Rhône

Edelweiß

Po

ALPEN

Adriatische...

Tajo

SIERRA NEVADA

Mittelmeer

APENNINEN

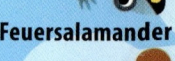

Feuersalamander

ÄTNA

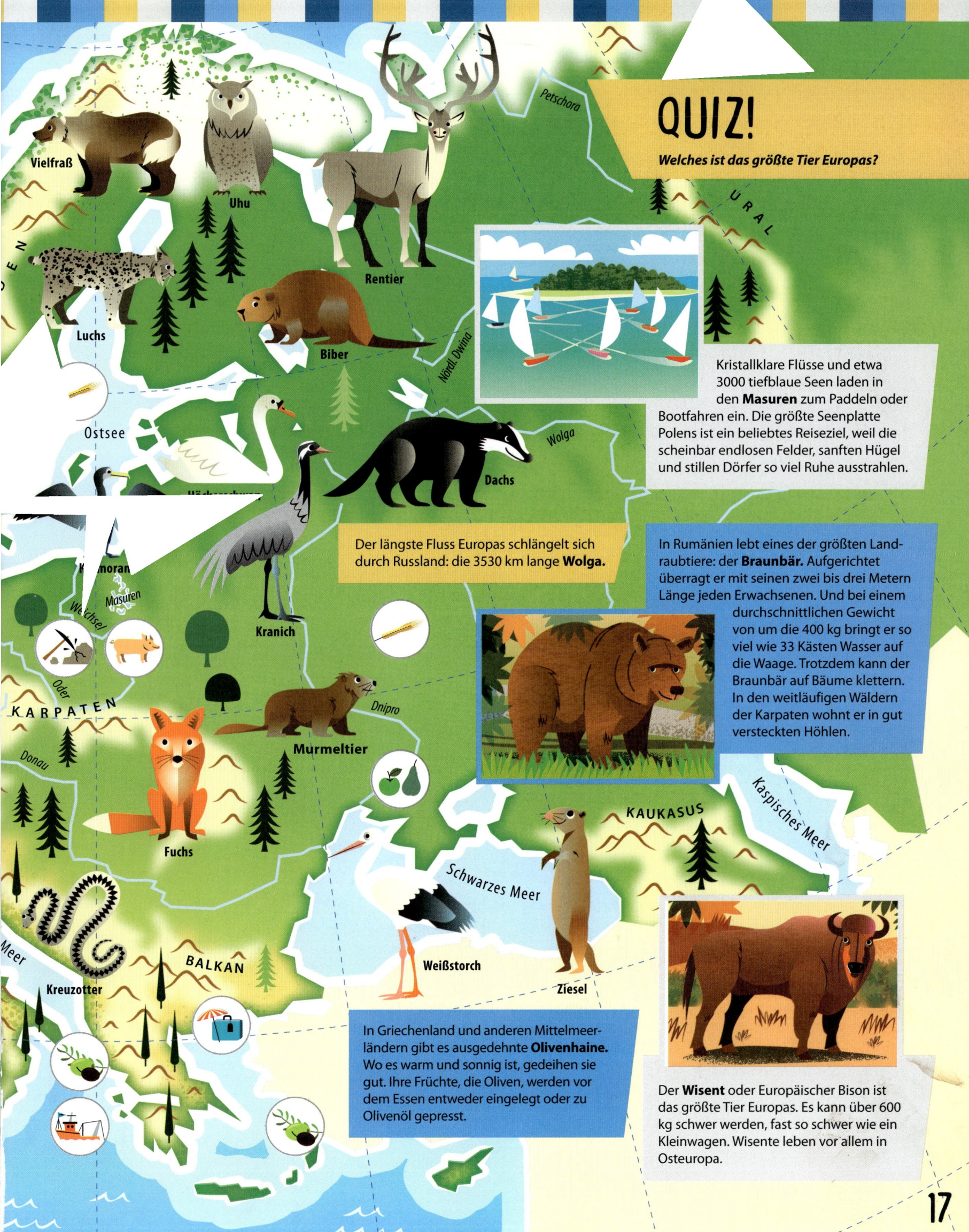

Vielfraß

Uhu

Rentier

Luchs

Biber

Ostsee

Dachs

Wolga

Nordl. Dwina

Petschora

URAL

Kristallklare Flüsse und etwa 3000 tiefblaue Seen laden in den **Masuren** zum Paddeln oder Bootfahren ein. Die größte Seenplatte Polens ist ein beliebtes Reiseziel, weil die scheinbar endlosen Felder, sanften Hügel und stillen Dörfer so viel Ruhe ausstrahlen.

Der längste Fluss Europas schlängelt sich durch Russland: die 3530 km lange **Wolga.**

In Rumänien lebt eines der größten Landraubtiere: der **Braunbär.** Aufgerichtet überragt er mit seinen zwei bis drei Metern Länge jeden Erwachsenen. Und bei einem durchschnittlichen Gewicht von um die 400 kg bringt er so viel wie 33 Kästen Wasser auf die Waage. Trotzdem kann der Braunbär auf Bäume klettern. In den weitläufigen Wäldern der Karpaten wohnt er in gut versteckten Höhlen.

Kranich

Kormoran

Weichsel

Masuren

Oder

Murmeltier

Dnipro

KARPATEN

Donau

Fuchs

KAUKASUS

Schwarzes Meer

Kaspisches Meer

Ziesel

Meer

BALKAN

Kreuzotter

Weißstorch

In Griechenland und anderen Mittelmeerländern gibt es ausgedehnte **Olivenhaine.** Wo es warm und sonnig ist, gedeihen sie gut. Ihre Früchte, die Oliven, werden vor dem Essen entweder eingelegt oder zu Olivenöl gepresst.

Der **Wisent** oder Europäischer Bison ist das größte Tier Europas. Es kann über 600 kg schwer werden, fast so schwer wie ein Kleinwagen. Wisente leben vor allem in Osteuropa.

17

AFRIKA

Afrika wird oft als „Wiege der Menschheit" bezeichnet. Denn in Südafrika wurden mit die ältesten Menschenskelette gefunden. Viele Forscher vermuten daher, dass unsere frühesten Vorfahren aus Afrika kommen. Heute leben auf dem Kontinent über eine Milliarde Menschen, die zu 600 verschiedenen Volksgruppen gehören. Sie sprechen insgesamt mehr als 2000 unterschiedliche Sprachen.

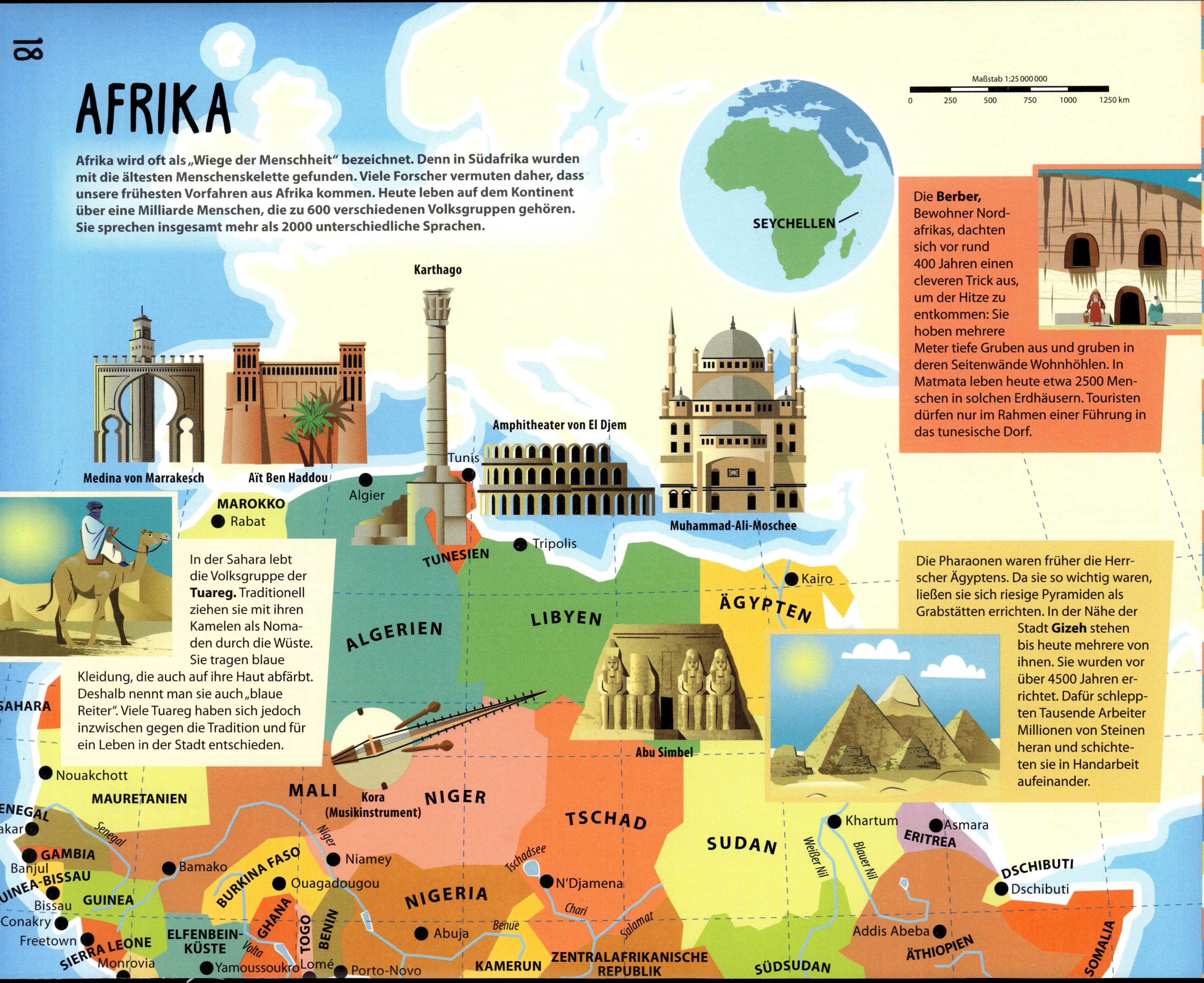

Die **Berber,** Bewohner Nordafrikas, dachten sich vor rund 400 Jahren einen cleveren Trick aus, um der Hitze zu entkommen: Sie hoben mehrere Meter tiefe Gruben aus und gruben in deren Seitenwände Wohnhöhlen. In Matmata leben heute etwa 2500 Menschen in solchen Erdhäusern. Touristen dürfen nur im Rahmen einer Führung in das tunesische Dorf.

Die Pharaonen waren früher die Herrscher Ägyptens. Da sie so wichtig waren, ließen sie sich riesige Pyramiden als Grabstätten errichten. In der Nähe der Stadt **Gizeh** stehen bis heute mehrere von ihnen. Sie wurden vor über 4500 Jahren errichtet. Dafür schleppten Tausende Arbeiter Millionen von Steinen heran und schichteten sie in Handarbeit aufeinander.

In der Sahara lebt die Volksgruppe der **Tuareg.** Traditionell ziehen sie mit ihren Kamelen als Nomaden durch die Wüste. Sie tragen blaue Kleidung, die auch auf ihre Haut abfärbt. Deshalb nennt man sie auch „blaue Reiter". Viele Tuareg haben sich jedoch inzwischen gegen die Tradition und für ein Leben in der Stadt entschieden.

Maßstab 1:25 000 000

0 250 500 750 1000 1250 km

SEYCHELLEN

Muhammad-Ali-Moschee

Amphitheater von El Djem

Karthago

Medina von Marrakesch

Aït Ben Haddou

Abu Simbel

Kora (Musikinstrument)

Kairo
ÄGYPTEN

Tripolis
LIBYEN

Tunis
TUNESIEN

Algier
ALGERIEN

MAROKKO
Rabat

Nouakchott
MAURETANIEN

Dakar
SENEGAL
GAMBIA
Banjul
GUINEA-BISSAU
Bissau
GUINEA
Conakry
SIERRA LEONE
Freetown
Monrovia
ELFENBEIN-KÜSTE
Yamoussoukro

MALI
Bamako
Niger

NIGER
Niamey

BURKINA FASO
Ouagadougou
Volta

GHANA
TOGO
Lomé
BENIN
Porto-Novo

NIGERIA
Abuja
Benue

TSCHAD
N'Djamena
Chari
Tschadsee

KAMERUN
ZENTRALAFRIKANISCHE REPUBLIK

SUDAN
Khartum
Blauer Nil
Weißer Nil

SÜDSUDAN

ERITREA
Asmara

ÄTHIOPIEN
Addis Abeba

DSCHIBUTI
Dschibuti

SOMALIA

SAHARA

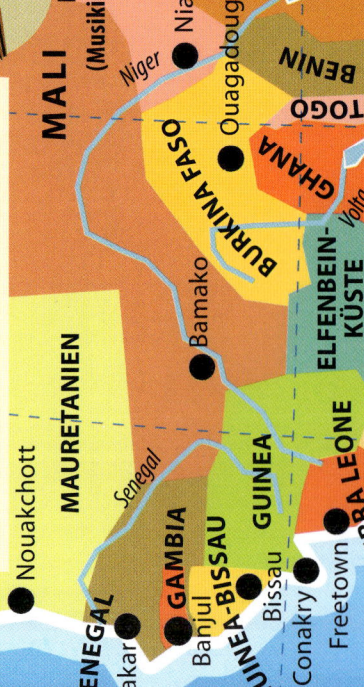

Mogadischu

Nebele

Altstadt von Lamu

Nairobi

KENIA

UGANDA

Juba

Kampala

RUANDA

BURUNDI

TANSANIA

Dodoma

Tanganjikasee

Massai

DEMOKRATISCHE REPUBLIK KONGO

Kongo

Kasai

Kinshasa

KONGO

Sangha

Brazzaville

GABUN

Libreville

Bangui

Jaunde

Ubangi

Malabo

ÄQUATORIAL GUINEA

SÃO TOMÉ UND PRÍNCIPE

Accra

LIBERIA

ANGOLA

Luanda

NAMIBIA

Windhuk

BOTSUANA

Gaborone

SAMBIA

Lusaka

Sambesi

SIMBABWE

Harare

Amboseli-Nationalpark

MALAWI

Lilongwe

MOSAMBIK

Maputo

Mbabane

SWASILAND

SÜDAFRIKA

Pretoria

Vaal

Oranje

Maseru

LESOTHO

Limpopo

Volk der San

MADAGASKAR

Antananarivo

Lalibelas **Felsenkirchen** in Äthiopien wurden nicht aus einzelnen Steinen gebaut, sondern aus einem Fels gehauen. Die elf Kirchen verfügen über mehrere Etagen und sind teilweise über 10 m hoch.

In Südafrika befindet sich die tiefste Goldmine der Welt – sie geht fast 4000 m weit hinab in die Erde. Südafrika verfügt auch über andere wertvolle **Bodenschätze** wie Diamanten. Trotzdem heißt das nicht, dass alle Menschen hier wohlhabend sind. Viele Südafrikaner leben in Armut.

QUIZ!
Welches ist das größte Land Afrikas?

Im westlichen Afrika benutzen die Menschen eine **Djembe** zum Trommeln. Diese bringen sie mit ihren Händen zum Ertönen. Dabei schlagen sie auf das stramm gespannte Fell. Die entstehenden Schwingungen werden durch den ausgehöhlten Baumstamm verstärkt und dadurch lauter. Wer das Trommeln zu seinem Beruf machen möchte, muss mehrere Jahre lang in Ausbildung gehen.

Biltong (Trockenfleisch)

Die **Große Moschee von Djenné**, Mali, ist eines der größten Bauwerke, die aus Lehm errichtet wurden. Das über 700 Jahre alte Weltkulturerbe wirkt dadurch wie eine gigantische Sandburg. An mehreren Stellen ragen Stämme der Palmyrapalme aus dem Mauerwerk. Sie sollen Risse vermeiden und dienen bei notwendigen Reparaturen als Gerüst.

Von welchem Wort die Bezeichnung „Afrika" stammt, ist nicht ganz klar. Vermutlich bedeutete es aber so viel wie sonnig, staubig oder nicht kalt – eben so, wie es in großen Teilen Afrikas ist. Oder die Bezeichnung für einen alten Volksstamm aus Nordafrika wurde für den ganzen Kontinent übernommen: „Afri".

Mitten im Staat Niger befindet sich die Gegend Gadoufaoua. Sie ist als „**Dinosaurier-Friedhof**" bekannt, weil hier viele Saurierknochen liegen. Sogar ein vollständig erhaltenes Skelett wurde hier gefunden: der Ouranosaurus.

Wo bekommt der **längste Fluss** der Erde eigentlich sein Wasser her? Er führt doch quer durch die Wüste! Ganz einfach: Die Nil-Quelle liegt in der Nähe des Äquators, wo es viel regnet. Und dieses Wasser bringt er zu den Menschen, die am Nil-Ufer leben. Übrigens: Nilpferde gibt es im Nil heute nicht mehr. Deshalb lautet die offizielle Bezeichnung der Tiere inzwischen „Flusspferd".

Tosend laut, aber wunderschön: Die **Victoriafälle** liegen zwischen den beiden Ländern Simbabwe und Sambia. In jeder einzelnen Sekunde stürzt so viel Wasser über 100 m in die Tiefe, dass es fünf Schwimmbecken auf einmal füllen würde. Die Einheimischen nennen das Weltnaturerbe „donnernder Rauch". Denn es steigen feine Tröpfchen bis zu 300 m hoch auf und bilden einen dichten Nebel.

Wüstenwaran

Shebele

Zebra

Rotes Meer

HOCHLAND VON ÄTHIOPIEN

Blauer Nil

Wüstenmaus

Weißer Nil

Nil

Erdferkel

Flusspferd

Skorpion

Nashorn

Ägyptische Sandboa

Giraffe

Mittelmeer

Oryxantilope

Nashornvogel

Chari

Salamat

Tschadsee

Löwe

A D A M A U A

Benue

S A H A R A

A T L A S

Wüstenfuchs

Niger

Afrikanischer Elefant

Volta

Senegal

Eine **Oase** ist eine Wasserstelle mitten in der Wüste. Meist entsteht sie dort, wo das Grundwasser nah an die Erdoberfläche kommt.

Die **Sahara** ist die größte Trockenwüste der Welt. Sie bedeckt etwa ein Drittel Afrikas und ist damit fast genauso groß wie ganz Europa! Tagsüber ist es in der Sahara glühend heiß, es herrschen Temperaturen bis über 50 °C. Nachts dagegen kann es winterlich kalt werden. Trotz dieser schwierigen Lebensbedingungen leben in der Sahara viele Tiere.

Nördlich und südlich des Äquators ist Afrika von einem breiten Band aus trockenem Grasland bedeckt, der **Savanne.** Außer stacheligen Gräsern wachsen dort nur vereinzelt knorrige Bäume und dornige Sträucher. Trotzdem fühlen sich in der Savanne viele große Tiere sehr wohl, z. B. Löwen, Nashörner, Afrikanische Elefanten, Zebras und Giraffen.

Schnee in Afrika? Den gibt es tatsächlich: auf dem 5895 m hohen **Kibo** in Tansania! Der Berg im Kilimandscharo-Massiv, dem höchsten Bergmassiv Afrikas, wirkt besonders beeindruckend, da er von einer flachen Ebene umgeben ist. An seinem Fuß ist es um die 30 °C heiß, auf dem Gipfel herrschen auch mal eisige -20 °C.

Die **Seychellen** sind ein Land, das aus über 100 kleinen Inseln besteht. Wegen der traumhaften Sandstrände sind sie ein beliebtes Urlaubsziel. Die Inseln liegen sehr weit östlich im Indischen Ozean.

Indischer Ozean

Katta

Chamäleon

Leopard

Limpopo

Quastenflosser

Hyäne

Marabu

OSTAFRIKANISCHES SEENHOCHLAND

KILIMANDSCHARO

Victoriasee

Lualaba

ÄQUATOR

Gnu

DRAKENSBERGE

Vaal

Erdmännchen

Oranje

Kongo

Ubangi

Sangha

Kasai

Schimpanse

Okapi

KALAHARI-BECKEN

Sambesi

Afrikanischer Strauß

NAMIB

In Kamerun kann man auf den größten Frosch der Welt treffen, den **Goliathfrosch.** Er wiegt über 3 kg und ist mehr als 30 cm lang. Damit würde er gerade so in ein Waschbecken passen.

Atlantischer Ozean

Der zweitgrößte **tropische Regenwald** der Erde erstreckt sich rund um das Kongo-Becken. Dort leben die größten Menschenaffen, die Gorillas, in Familien zusammen. Ihr Anführer ist immer ein altes Männchen – es wird Silberrücken genannt. Gorillas sind sehr klug. Sie bauen sich z. B. Werkzeuge, um an schwer zu erreichende Leckerbissen zu kommen.

Fliegende Fische

In seinem dicken Stamm speichert der **Affenbrotbaum** Wasser, und von seinen Ästen hängen an langen Stielen etwa 30 cm große Früchte herab. Viele Bewohner der Savanne lieben das säuerliche Fruchtfleisch.

NORD- UND MITTELAMERIKA

Der nördliche Teil des amerikanischen Doppelkontinents ist voller Gegensätze: Riesige Staaten wie Kanada, Mexiko und die USA stehen klitzekleinen Ländern wie El Salvador und den karibischen Inseln gegenüber. Während die USA und Kanada zu den reichsten Ländern der Welt gehören, sind die meisten mittelamerikanischen Staaten eher arm. Eines haben Nord- und Mittelamerika aber gemeinsam: Die meisten Menschen hier stammen von Einwanderern aus Europa, Asien oder Afrika ab.

Genauso beliebt wie bei uns der Fußball ist in den USA **Baseball**. Die Spieler eines Teams versuchen, den Baseball so weit wie möglich wegzuschlagen, sodass die Gegner ihn möglichst spät fangen. Dann rennen sie los, um einen Teil des Spielfeldes zu umrunden. Hat ein Spieler eine ganze Runde geschafft, bevor der Ball von den Gegnern gefangen wurde, bekommt sein Team einen Punkt.

Im Nordwesten der USA stellen die **Indianer**, also die Ureinwohner, Totempfähle auf. Sie schnitzen diese Skulpturen aus einem Baumstamm und bemalen sie meist kunstvoll. So erinnern sie an Verstorbene oder verschlüsseln die Geschichten über ihre Familie. Nur die Mitglieder der jeweiligen Indianerfamilie wissen, was es mit dem jeweiligen Totempfahl auf sich hat.

In **Toronto**, der größten Stadt Kanadas, steht der 553 m hohe CN-Tower. Für Besucher ohne Höhenangst bietet er eine Aussichtsplattform mit Glasboden.

Der **Mississippi** ist einer der längsten Flüsse Nordamerikas. Früher war er ein wichtiger Transportweg für Menschen und Waren, heute sind die alten Schaufelraddampfer eine Touristenattraktion.

Mit über 8 Mio. Einwohnern ist **New York** die größte Stadt der USA. Die Freiheitsstatue, auch „Miss Liberty" genannt, grüßt Besucher der Stadt vom Meer aus. Die Straßen der Weltmetropole sind schnurgerade und helfen bei der Orientierung: Im Stadtteil Manhattan z. B. enden von Norden nach Süden verlaufende Straßen immer auf „Avenue", die von Ost nach West auf „Street".

Maßstab 1:20 000 000

0   200   400   600   800   1000 km

NORDPOL

Nordpolarmeer

GRÖNLAND
(DÄNEMARK)

Nuuk

Baffin Bay

BAFFIN-INSEL

NÖRDLICHER POLARKREIS

Hudson Bay

Eishockeyspieler

KANADA

Nelson

Saskatchewan

Rentiersee

Athabascasee

Großer
Sklavensee

Großer
Bärensee

Mackenzie

Peace

ALASKA (USA)

Yukon

Vancouver

Pazifischer Ozean

Atlantischer Ozean

1945 wurden die United Nations (kurz: UN, deutsch: Vereinte Nationen) mit Sitz in New York gegründet. Das Ziel der **UN** ist es, für möglichst viel Frieden auf der Welt zu sorgen. Fast alle Staaten der Welt sind heute Mitglied in der UN. Gibt es in einem Land einen gewalttätigen Konflikt oder Krieg, versucht die UN zu helfen und zu vermitteln.

NÖRDLICHER WENDEKREIS

Für den Bau des **Panamakanals** um 1900 wurde quer durch einen ganzen Kontinent ein Graben ausgehoben. Das dauerte weit über 10 Jahre und kostete Tausende Arbeiter das Leben. Doch seit der Fertigstellung ist die künstliche Verbindung zwischen Atlantik und Pazifik für den Schiffsverkehr unverzichtbar. Denn so spart man sich die Fahrt um den Südzipfel Südamerikas.

QUIZ!
Wo steht die Freiheitsstatue?

VEREINIGTE STAATEN VON AMERIKA (USA)

- Freiheitsstatue
- Montreal
- Ottawa
- Toronto
- Ontariosee
- Niagara River
- New York
- Washington, D. C.
- Ohio
- Lincoln Memorial
- Eriesee
- Huronsee
- Michigansee
- Oberer See
- Albany
- Winnipegsee
- Manitobasee
- Missouri
- Sioux-Indianer
- Mississippi
- Arkansas
- Red River
- Dallas
- Rio Grande
- Colorado
- Snake River
- Los Angeles
- Golden Gate Bridge
- Walk of Fame, Hollywood

Der 50. Bundesstaat der USA ist **Hawaii.** Er besteht aus mehreren Inseln, die so weit westlich im Pazifik liegen, dass sie nicht mehr auf diese Karte passen.

Hawaiianische Tänzerin

Space Shuttle

Orlando

Golf von Mexiko

Jazzmusiker

Piñata

MEXIKO

Mexiko-Stadt

Kathedrale von Mexiko-Stadt

Maya-Pyramide

Mit der breiten Krempe dient ein **Sombrero** mexikanischen Bauern als perfekter Sonnenschutz.

Die **Mayas** waren ein Indianervolk in Mittelamerika. Sie kannten sich in Sternenkunde aus, hatten eine eigene Schrift und einen Kalender. Mitten im Dschungel errichteten sie überwältigende Städte mit Tempelanlagen wie die in Tikal.

Havanna

KUBA

HAITI
DOMINIK. REPUBLIK
Port-au-Prince
Santo Domingo

JAMAIKA
Kingston

Karibisches Meer

GUATEMALA
Guatemala-Stadt

BELIZE
Belmopan

EL SALVADOR
San Salvador

HONDURAS
Tegucigalpa

NICARAGUA
Managua

COSTA RICA
San José

PANAMA
Panamakanal
Panama-Stadt

Steinkopf der Olmeken

Aus **Jamaika** kommt die fröhliche Musikrichtung Reggae, bei der keiner stillstehen kann. Einer ihrer bekanntesten Sänger war Bob Marley mit seiner berühmten Dreadlocks-Frisur.

23

In Nord- und Mittelamerika gibt es zwei unterschiedliche Bezeichnungen für **extreme Stürme**, die beide wie Trichter aussehen. Ein Hurrikan ist ein tropischer Wirbelsturm, der sich über dem Meer bildet, ganze Küstenstreifen verwüstet und dann schnell schwächer wird. Ein Tornado dagegen ist ein Wirbelsturm, der über den großen Freiflächen im Landesinneren Nordamerikas entsteht. Er richtet mit viel Kraft großen Schaden auf kleiner Fläche an.

Eisbär

Genau an der Grenze zwischen den USA und Kanada hat der Niagara River tosende Wasserfälle entstehen lassen: die **Niagarafälle**. Sie sind zusammen über 900 m breit und stürzen teilweise fast 60 m in die Tiefe. Bei einer Bootstour auf dem See unterhalb der Fälle spüren Besucher die ganze Kraft des Wassers und werden mächtig nass.

Sattelrobbe

Wenn im Herbst die ersten kalten Nächte überstanden sind, färben sich die Blätter der Ahornbäume und Birken in Neuengland in leuchtendes Rot, Gelb und Orange. Die Zeit wird als **Indian Summer** bezeichnet.

Streifenhörnchen

Weißkopfseeadler

Biber

Moschusochse

Präriehund

NORDPOL

Hudson Bay

Blauwal

Nordpolarmeer

Bison

Nelson

Rentiere

Peace

Durch die weiten Wälder Kanadas und der USA streift der **Grizzlybär**. Der Allesfresser wird mit 2,5 m Länge etwa doppelt so groß wie du. Obwohl ein Grizzly 500 kg und mehr wiegen kann, ist der Allesfresser auf der Jagd schneller als ein Auto in der Stadt.

Schneehase

Polarfuchs

Großer Sklavensee

Puma

Mammutbaum

ROCKY MOUNTAINS

Von Kanada bis New Mexico, USA, durchziehen die **Rocky Mountains** Nordamerika. Die 4800 km lange Gebirgskette ist Heimat von Pumas, Elchen und Wapitis, der größten Hirschart der Erde. Früher lebten in den Bergen Indianer mit ihren Bisonherden. Diese wurden jedoch im Zuge des Goldrausches ab 1848 vertrieben.

DENALI (MOUNT MCKINLEY) **Wapiti**

Der Vulkan **Mauna Kea** auf Hawaii ist der eigentlich höchste Berg der Welt. Mit über 10 000 m Höhe stellt er den Mount Everest locker in den Schatten – allerdings ragen davon nur 4205 m aus dem Wasser.

Lachs

Pazifischer Ozean

In den tropischen und subtropischen Meeren Mittelamerikas dreht die größte Schildkröte der Erde ihre Runden, die **Lederschildkröte**. Sie kann so groß und schwer wie ein Grizzlybär werden. Nur für die Eiablage kommt sie an Land.

Überall in Mittelamerika wachsen **süße Früchte**, für die es in den meisten europäischen Ländern zu kalt wäre: Ananas, Bananen, Maracujas, Papayas, Melonen und Mangos. Oft kann man sie am Straßenrand pflücken.

Vor der Küste des Karibikstaates Belize erkennt man im Wasser einen großen dunkelblauen Kreis. Das „**Große Blaue Loch**" ist ein Höhlensystem mit wunderschönen Korallen, die man auf einem Tauchgang entdecken kann.

QUIZ!

Wie nennt man die Wirbelstürme, die es häufig im Landesinneren Nordamerikas gibt?

Atlantischer Ozean

GROSSE ANTILLEN

Karibisches Meer

Panamakanal

Gelbbrustara

Hummer

Waschbär

Alligator

Schwarzbär

Sankt-Lorenz-Strom

Ontariosee

Huronsee

Oberer See

Albany

Flamingo

Klapperschlange

Ohio

Mississippi

Arkansas

Winnipegsee

Manitobasee

Red River

Kojote

Golf von Mexiko

Missouri

Geysir

Platte River

Colorado

GRAND CANYON

COLORADO-PLATEAU

Rio Grande

SIERRA MADRE

Kakteen

POPOCATÉPETL

Agave

Der Schnabel des kunterbunten **Tukans** kann viermal größer als der Rest seines Kopfes werden. Trotzdem trägt er ihn mit großer Leichtigkeit, denn der Riesenschnabel wiegt nicht viel. Und er ist praktisch, da der große Vogel darüber seine Körpertemperatur regeln kann: Fließt Blut durch den Schnabel, kühlt es selbst und damit auch den Körper ab.

Die kantigen, roten Berge des **Grand Canyon** entstanden durch den Fluss Colorado. Dieser hat über 450 km Länge bis zu 1800 m tiefe Schluchten in den Sandstein geschliffen.

Der Name des 5462 m hohen Vulkans **Popocatépetl** stammt von den Ureinwohnern Mexikos, den Azteken, und bedeutet „rauchender Berg". Bis heute ist er sehr aktiv und ragt bedrohlich über Mexiko-Stadt in den Himmel. Da er nur 70 km weit weg ist, könnten bei einem Ausbruch Lava und Asche bis in die Metropole gelangen.

SÜDAMERIKA

Von den 13 Staaten in Südamerika nimmt allein Brasilien schon fast die Hälfte des gesamten Erdteils ein. Nur wenige der etwa 400 Mio. Südamerikaner sprechen noch eine der 350 Sprachen der Ureinwohner. Die Mehrzahl nutzt Portugiesisch und Spanisch. Denn nach der Entdeckung des Kontinents kamen hauptsächlich Einwanderer aus Portugal und Spanien.

OSTERINSEL
(CHILE)

Die Südamerikaner spielen wohl den besten technischen **Fußball** der Welt. Immerhin kommen viele Spitzenspieler aus Brasilien und Argentinien. Vielleicht ist die Sportart deshalb auch bei allen so beliebt. Schon kleine Kinder kicken, wo es nur geht.

In vielen großen Städten Südamerikas gibt es **Favelas**. In diesen Wohnvierteln leben die Armen in selbstgebauten Unterkünften aus Holz und Wellblech. Meist verfügen sie weder über Strom noch fließendes Wasser. Auch der Müll bleibt einfach liegen. In den engen Gassen können die Kinder kaum spielen. Es gibt aber Vereine, die sich um die Kinder kümmern und Hilfe anbieten. Sie richten Jugendzentren in den Favelas ein – dort können die Kinder Sport treiben und bekommen Nachhilfeunterricht.

In vielen Gegenden Südamerikas werden die Häuser sehr bunt angemalt und manchmal auch mit schönen Mustern versehen. Die **bunte Farbe** soll für gute Laune sorgen.

Weltraumbahnhof Kourou

FRANZÖSISCH-GUAYANA
Cayenne
SURINAME
Paramaribo
GUYANA
Georgetown

Kolonialbauten in Paramaribo

VENEZUELA
Caracas

Orinoco

Karibisches Meer

Maßstab 1:20 000 000

0 200 400 600 800 1000 km

KOLUMBIEN
Bogotá
Magdalena
Guaviare

ECUADOR
Quito

ÄQUATOR

PERU
Lima
Machu Picchu
Marañón
Ucayali

BRASILIEN

Tocantins
Paru
Rio Negro
Amazonas
Japurá
Madeira
Purus
Juruá
Purus
Tapajós
Xingu
Arinos
Guaporé
Mamoré
Beni
Araguaia

Quechua-Indianer

GALAPAGOSINSELN (ECUADOR)

Pazifischer Ozean

Über 600 gigantische Steinfiguren stehen auf der chilenischen Osterinsel. Diese **Moai** sind durchschnittlich 4 m hoch. Der höchste Moai ist sogar fast 10 m groß.

Das traditionelle Instrument in den Anden ist die **Panflöte.** Sie besteht aus mehreren nebeneinander gebundenen Röhrchen aus Schilf oder Bambus. Um damit Musik zu machen, muss man von oben hineinblasen. Die erzeugten Klänge empfinden viele als wohltuend und beruhigend.

Welche Sprachen sprechen die meisten Südamerikaner?

Atlantischer Ozean

Christus-Statue

Rio de Janeiro

Zuckerhut

São Francis

Brasilia

Paranaíba

Rio Grande

Tietê

São Paulo

Kathedrale von Brasilia

Paraná

Paraguay

BOLIVIEN

PARAGUAY

Asunción

Sucre

Iguaçu

Hochhäuser in São Paulo

URUGUAY

Uruguay

Montevideo

Paraná

Uru

La Paz

Titicacasee

CHILE

ARGENTINIEN

Buenos Aires

Bunte Häuser in La Boca

Atuel

Santiago

Valparaíso

Hafen von Valparaíso

Chubut

Mapuche-Indianer

Magellanstraße

FALKLANDINSELN (GROSSBRITANNIEN)

Stanley

KAP HOORN

FEUERLAND

Jedes Jahr kurz vor Aschermittwoch findet in **Rio de Janeiro,** einer der größten Städte Brasiliens, der weltberühmte Karnevalsumzug statt. Zehntausende Tänzer in farbenfrohen Kostümen feiern mit den Besuchern tagelang bei lauter Sambamusik.

Beim **Tangotanzen** steht eines fest: Der Mann führt! Besonders beliebt ist der leidenschaftliche Tanz in Buenos Aires, der Hauptstadt von Argentinien. Dort tanzen die Menschen auch rr al mitten auf dem Gehweg. Die Musik dazu kommt klassischerweise vom Bandoneon, einer Art Akkordeon.

In der **Atacamawüste** gibt es Gegenden, in denen sich regelmäßig Nebel bildet. Dort nutzen die Menschen Nebelzäune, um die feinen Tröpfchen aufzufangen und als Trinkwasser zu gewinnen.

Lange Zeit blieb die Ruinenstadt **Machu Picchu** in Peru unentdeckt. Sie erzählt viel über das Leben der Indianer in den Anden. Sie hießen Inka und bewohnten ein Reich, das so groß wie das heutige Großbritannien war. Die anfallende Arbeit teilten sie gerecht untereinander auf, Alte und Kranke wurden von der Gemeinschaft mitversorgt. Durch Kriege und Krankheiten wurde das Volk so geschwächt, dass Spanier das Inkareich leicht erobern und auflösen konnten.

Durch den **Titicacasee** verläuft die Grenze zwischen Bolivien und Peru. Am Ufer des größten Sees von Südamerika schwimmen Inseln aus Schilf. Früher lösten die Urus, die ursprünglichen Bewohner, bei Gefahr die Verankerung und trieben mit ihrem Schilfhaus hinaus aufs sichere Wasser. Heute kann man auf den schwimmenden Inseln noch besichtigen und sogar auf ihnen übernachten.

In Venezuela stürzt der **Salto Ángel** 979 m in die Tiefe. Damit ist er der höchste Wasserfall der Erde.

Wie ein großes Schwein mit Mini-Rüssel sieht der **Tapir** aus. Dabei ist er eigentlich mit Nashörnern und Pferden verwandt. Schon vor 50 Mio. Jahren streiften die Vorfahren der Tapire durch die damaligen Urwälder der Erde – deshalb werden sie auch als „lebende Fossilien" bezeichnet. Im Regenwald des Amazonas kann man ihre Trampelpfade sehen. Die bilden sich, da die Vegetarier immer wieder den gleichen Weg gehen.

Das Amazonasgebiet ist insgesamt etwa so groß wie die halbe USA und wird durch den **Amazonas** gespeist, den wasserreichsten Fluss der Welt. Im dort wachsenden tropischen Regenwald ist es das ganze Jahr über feucht und warm, die Pflanzen sind immer grün, und ununterbrochen gibt es reife Früchte. Weil die Bäume des Amazonaswaldes so viel Sauerstoff produzieren, wird er auch „Grüne Lunge der Erde" genannt. Seit Jahren wird das Tierparadies allerdings durch Brandrodung und Abholzung merklich kleiner.

Um für die einzigartige Pflanzen- und Tierwe t auf den **Galapagosinseln**, Ecuador, so unberührt wie möglich zu lassen, dürfen Touristen diese nur mit einem zugelassenen Reiseführer besuchen. Ihren Namen verdanken die Vulkaninseln einer Riesenschildkrötenart, die nur dort lebt. Sie hat eine Wulst am Nacken, die auf Spanisch „Galápago" heißt.

Von unserem Speiseplan ist die **Kartoffel** nicht mehr wegzudenken. Wusstest du, dass sie ursprünglich aus dem mit 7500 km Länge längsten Gebirge der Welt kommt, den Anden? Vor über 13 000 Jahren begann dort der Anbau der sättigenden und genügsamen Nutzpflanze. Heute wächst sie fast überall auf der Erde, egal ob warm, kalt, trocken oder feucht.

Krokodilkaiman

BRASILIANISCHES BERGLAND

Tocantins

Araguaia

Amazonas

Xingu

Arinos

Großer Ameisenbär

Paru

Tapajós

Madeira

Brüllaffe

Dreizehenfaultier

BERGLAND VON GUYANA

Rio Negro

Guaporé

Orinoco

Große Anakonda

Purus

Mamoré

Magdalena

Piranha

Juruá

Beni

Vikunja

Japurá

Ucayali

Alpaka

Marañón

Harpyie

ANDEN (KORDILL

Kondor

Karibisches Meer

Schlitzrüssler

Bienenelfe

GALÁPAGOSINSELN (ECUADOR)

ÄQUATOR

28

„Der wohnt in der **Pampa!**" sagen die Leute, wenn jemand sehr abgelegen wohnt. Und tatsächlich fühlt man sich ziemlich weit weg von allem, wenn man in der echten Pampa steht. Die riesige, flache Graslandschaft ist mit 750 000 km² etwa so groß wie die Türkei. Zwischen den bis zu 3 m hohen Gräsern leben nur wenige Tiere, z. B. Meerschweinchen und Maras, auch Pampashasen genannt.

QUIZ!
Nach welchem Tier sind die Galapagosinseln benannt?

50% aller bekannten **Vogelspinnenarten** leben in Südamerika. Ihren deutschen Namen haben sie vermutlich daher, dass eine frühe Naturforscherin eine Spinne beim Fressen eines Vogels zeichnete. Der Biss einer Vogelspinne ist zwar giftig, aber für einen Menschen nicht bedrohlich. Weh tut er trotzdem, ungefähr so wie ein Wespenstich.

Atlantischer Ozean

São Francis
Paranaíba
Rio Grande
Tietê
Jaguar
Iguaçu
Paraná
Paraguay
Gürteltier
Pilcomayo
Uruguay
Paraná
PAMPA
Gaucho auf Pferd
Pampashirsch
Lama
Chinchilla
PATAGONIEN
Chubut
Magellan-Pinguin
Pelzrobbe
See-Elefant
Blauwal
Magellanstraße
KAP HOORN
SALAR DE UYUNI
ATACAMA-WÜSTE
Titicacasee

Der **Salar de Uyuni** in Bolivien ist mit einer Fläche von 10 000 km² die größte Salzwüste der Welt. Ihre Salzschicht ist so dick, dass sogar vollbeladene LKWs darauf fahren können! Vor langer Zeit gab es hier einen Salzsee, dessen Wasser verdunstete.

Viele Stoffe, die **Pfeilgiftfrösche** über ihre Haut absondern, sind für Tiere und sogar Menschen tödlich. Dies nutzten Indianer für ihre Jagd, indem sie ihre Pfeile mit dem Gift einreiben.

Totenkopfaffen scheinen eine weiße Maske im Gesicht zu tragen – dadurch sind die geschickten Kletterer des Amazonaswaldes unverwechselbar.

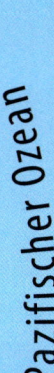
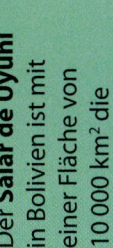
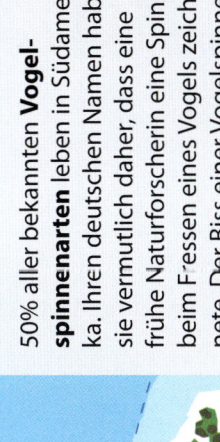

NORDWESTASIEN

Das größte Land in Asien – und der ganzen Welt – ist Russland. Daher macht die russische Bevölkerung in Nordwestasien auch die Mehrheit aus. Außerhalb der großen Städte leben nur wenige Menschen. Die Mongolei ist sogar das weltweit am dünnsten besiedelte Land. Die arabischen Staaten sind durch ihre großen Erdölvorkommen, aus denen u. a. Kraftstoff für Fahrzeuge entsteht, reich geworden. Daneben gibt es aber auch sehr arme Länder wie Afghanistan und Tadschikistan.

Eremitage, Sankt Petersburg

Die **Matrjoschka** ist eine aus Holz gedrechselte, bunt bemalte Figur aus Russland. In der größten äußeren stecken immer kleiner werdende Figuren.

Der **Rote Platz** in Russlands Hauptstadt Moskau ist der älteste und größte Platz der ganzen Stadt und damit ihr Wahrzeichen. Auf Russisch heißt er Krasnaja Ploschtschad, was ursprünglich als „Schöner Platz" gemeint war. Das Wort „krasnaja" bedeutete früher nämlich sowohl „schön" als auch „rot", heute nur noch „rot".

Moskau

Balletttänzerin

Wolga

Kama

Freilichtmuseum Kischi

Ob

Irtysch

Ural

Samowar (Teekocher)

Wolga

Felsendom, Jerusalem

In der Altstadt von Jerusalem, Israel, befindet sich ein ganz besonderer Hügel: der **Tempelberg**. Für Juden, Christen und Muslime ist er gleichermaßen bedeutsam. Alle drei Glaubensrichtungen verbinden mit ihm wichtige Ereignisse aus ihren jeweiligen religiösen Erzählungen.

TÜRKEI

Schwarzes Meer

Ankara

Krak des Chevaliers

GEORGIEN

Tiflis

ARMENIEN

ASERBAIDSCHAN

Jerewan

Baku

Astana

Sher-Dor-Madrasa

Aralsee

Baikonur

Balchaschsee

Eris

USBEKISTAN

KASACHSTAN

Bischkek

Beirut

SYRIEN

LIBANON

Damaskus

Jerusalem

Euphrat

Tigris

Kaspisches Meer

TURKMENISTAN

Syrdarja

Taschkent

KIRGISISTAN

ISRAEL

Amman

IRAK

Bagdad

Teheran

Aşkabat

Amudarja

Duschanbe

TADSCHIKISTAN

Petra

JORDANIEN

IRAN

Indus

Schilfhaus der Marsch-Araber

KUWAIT

Kuwait-Stadt

Ruinen von Persepolis

AFGHANISTAN

Kabul

Islamabad

In vielen arabischen Ländern, z. B. im Iran, hüllen sich Frauen und Mädchen in lange, weite **Kleidung** und verdecken ihre Haare mit einem Tuch. Auch manche Jungen und Männer tragen in arabischen Ländern andere Kleidung als wir es kennen, z. B. den Thobe – ein weites, langärmeliges und knöchellanges weißes Gewand, meist in Verbindung mit einem Kopftuch.

SAUDI-ARABIEN

Riad

KATAR

Doha

Persischer Golf

Abu Dhabi

VEREINIGTE ARABISCHE EMIRATE

Maskat

Häuser von Sanaa

PAKISTAN

Sutlej

OMAN

Sanaa

JEMEN

Arabisches Meer

NORDPOL

Die **Nenzen** sind die Ureinwohner Sibiriens, Russland. Selbst bei eisigen -30 °C wohnen die Rentierzüchter in Zelten.

Nordpolarmeer

Nenzen und Rentiere

Lena

Werchojansk

Der **Kältepol** der bewohnten Teile der Erde liegt in Russland in den kleinen Ortschaften Oimjakon und Werchojansk. Im Winter sank das Thermometer schon mal auf Werte von fast -70 °C. Bei solchen Extremtemperaturen gefriert nasse Wäsche an der Leine sofort. Die Kinder gehen dick eingehüllt trotzdem zur Schule. Und Milch lagern die Menschen im gefrorenen Zustand.

Jennissei

Untere Tunguska

RUSSLAND

Oimjakon

Angara

Baikalsee

Winterpalast des Bogd Khan

Amur

Jurte

Selenge

Ulan-Bator

MONGOLEI

QUIZ!

Wie heißt die Eisenbahnlinie, die zwischen Moskau und Wladiwostok verkehrt?

Quer durch Sibirien rollt die **Transsibirische Eisenbahn.** Von Moskau bis Wladiwostok sind es 9288 km – das ist fast so lang wie die Strecke vom Nordpol bis zum Äquator. Auf der Fahrt kommen die Reisenden durch sieben der insgesamt 24 Zeitzonen der Welt. Die Uhren an den Bahnhöfen und die Abfahrtszeiten richten sich jedoch alle nach der Moskauer Zeit.

Pazifischer Ozean

Wladiwostok

Mitten in der kasachischen Steppe befindet sich der Weltraumbahnhof **Kosmodrom Baikonur.** Er ist der größte Raketenstartplatz der Welt.

Heute ist die **Felsenstadt Petra** in Jordanien verlassen. Vor über 2000 Jahren war sie eine reiche Handelsstadt, und noch heute gibt es dort viel zu sehen: direkt in die Felswände gemeißelte beeindruckende Bauwerke wie die Königswand, das römische Theater und das Schatzhaus.

Die arabischen Länder verfügen über die größten **Erdölvorräte** der Welt. Starke Pumpen in Bohrtürmen oder auf Bohrinseln im Meer holen das Schwarze Gold aus bis zu 8500 m Tiefe. Das Erdöl brauchen wir für viele Dinge z. B. Benzin, Heizöl und Plastik.

Beim **Wardawar-Fest** in Armenien bespritzen sich die Menschen gegenseitig mit Wasser. In der Hauptstadt Jerewan wird aus diesem Ritual 14 Wochen nach Ostern eine große Wasserschlacht.

NÖRDLICHER WENDEKREIS

Maßstab 1:25 000 000

0   250   500   750   1000   1250 km

Der **Sibirische Tiger** ist die größte Katzenart der Erde. Die Raubkatze ist vom Aussterben bedroht. Ihr Lebensraum wird immer kleiner. Außerdem fällt sie Wilderern und schnellen Autos zum Opfer.

Durch **Tundra und Taiga** streift der weiße Polarwolf. Sein dichtes, kuschelweiches Fell wärmt ihn selbst bei Temperaturen von -50 °C. Zur Erinnerung: Wasser gefriert schon bei 0 °C. Um in der Kälte zu überleben, bilden Polarwölfe größere Rudel als andere Wölfe: Bis zu 30 Tiere jagen, fressen und leben gemeinsam.

Durch Anschneiden des Weihrauchbaums wird dessen Harz gewonnen. Das anschließende Trocknen macht daraus geruchloses Weihrauch. In vielen Kirchen wird es verbrannt, wobei ein intensiver Geruch entsteht.

Das **Tote Meer** heißt zwar Meer, ist aber ein riesiger Salzsee. Er liegt zwischen den Ländern Israel und Jordanien. Vom Fluss Jordan, der viele Salze mitführt, wird das Tote Meer mit frischem Wasser versorgt. Da es keinen Abfluss gibt, bleibt der Salzgehalt so hoch, dass im tiefstgelegenen See der Erde keine Tiere überleben können – daher auch der Name „Totes" Meer.

Mitten in der Wüste von Bahrain steht ein 400 Jahre alter Baum, der **Schadscharat al-Haya**. Da die nächste Wasserstelle über einen Kilometer entfernt ist, gilt dieses Naturwunder als „Baum des Lebens".

Barentssee

NÖRDLICHER POLARKREIS

Sibirischer Lemming

Schneeeule

Saiga -Antilope

URAL

Kama

Rentier

Irtysch

Wolga

Ural

Stör

Schwarzes Meer

Libanonzeder

TAURUS

KAUKASUS

Kaspisches Meer

Aralsee

Ertis

Wildesel

Balchaschsee

Goldhamster

Totes Meer

Jordan

Euphrat

Tigris

Skorpion

ELBURS-GEBIRGE

Syrdarja

HINDUKUSCH

Oase

ZAGROS-GEBIRGE

Falke

Indus

Rotes Meer

Persischer Golf

Sutlej

Dromedar

GROSSE ARABISCHE WÜSTE

Oryxantilope

Arabisches Meer

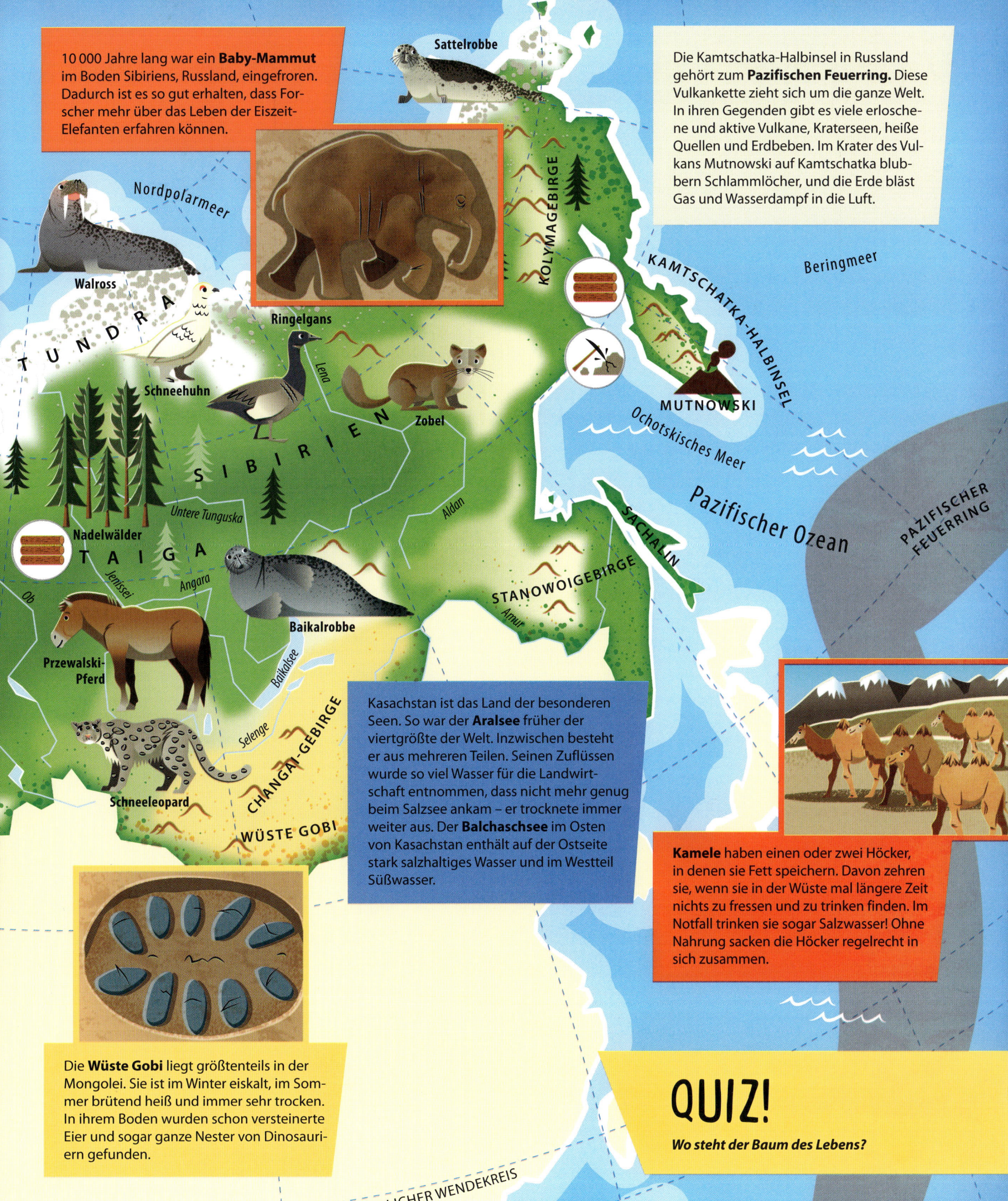

10 000 Jahre lang war ein **Baby-Mammut** im Boden Sibiriens, Russland, eingefroren. Dadurch ist es so gut erhalten, dass Forscher mehr über das Leben der Eiszeit-Elefanten erfahren können.

Die Kamtschatka-Halbinsel in Russland gehört zum **Pazifischen Feuerring.** Diese Vulkankette zieht sich um die ganze Welt. In ihren Gegenden gibt es viele erloschene und aktive Vulkane, Kraterseen, heiße Quellen und Erdbeben. Im Krater des Vulkans Mutnowski auf Kamtschatka blubbern Schlammlöcher, und die Erde bläst Gas und Wasserdampf in die Luft.

Sattelrobbe

Nordpolarmeer

Walross

TUNDRA

Schneehuhn

Ringelgans

Zobel

Lena

KOLYMAGEBIRGE

KAMTSCHATKA-HALBINSEL

Beringmeer

MUTNOWSKI

Ochotskisches Meer

SIBIRIEN

Untere Tunguska

Aldan

SACHALIN

STANOWOIGEBIRGE

Amur

Pazifischer Ozean

PAZIFISCHER FEUERRING

Nadelwälder

TAIGA

Ob

Jenissei

Angara

Baikalrobbe

Przewalski-Pferd

Baikalsee

Selenge

CHANGAI-GEBIRGE

Schneeleopard

WÜSTE GOBI

Kasachstan ist das Land der besonderen Seen. So war der **Aralsee** früher der viertgrößte der Welt. Inzwischen besteht er aus mehreren Teilen. Seinen Zuflüssen wurde so viel Wasser für die Landwirtschaft entnommen, dass nicht mehr genug beim Salzsee ankam – er trocknete immer weiter aus. Der **Balchaschsee** im Osten von Kasachstan enthält auf der Ostseite stark salzhaltiges Wasser und im Westteil Süßwasser.

Kamele haben einen oder zwei Höcker, in denen sie Fett speichern. Davon zehren sie, wenn sie in der Wüste mal längere Zeit nichts zu fressen und zu trinken finden. Im Notfall trinken sie sogar Salzwasser! Ohne Nahrung sacken die Höcker regelrecht in sich zusammen.

Die **Wüste Gobi** liegt größtenteils in der Mongolei. Sie ist im Winter eiskalt, im Sommer brütend heiß und immer sehr trocken. In ihrem Boden wurden schon versteinerte Eier und sogar ganze Nester von Dinosauriern gefunden.

QUIZ!

Wo steht der Baum des Lebens?

NÖRDLICHER WENDEKREIS

SÜDOSTASIEN

In vielen Ländern Südostasiens mischen die Menschen ihre Traditionen mit moderner Kultur. So leben buddhistische Mönche sehr enthaltsam, haben aber gleichzeitig ein Smartphone und schauen Actionfilme. Ursprünglich stammt die Religion des Buddhismus aus Indien, heute ist sie vor allem in China – dem Land mit den meisten Einwohnern weltweit – verbreitet. Die meisten Inder dagegen sind heute Anhänger des Hinduismus, einer Religion mit sehr vielen verschiedenen Göttern.

Der strahlend weiße Palast **Taj Mahal** entstand vor fast 400 Jahren nach Vorstellungen des indischen Herrschers Shah Jahan. Er wollte damit an seine wunderschöne, verstorbene Ehefrau erinnern. Heute ist der Palast ein beliebtes Ziel frisch vermählter indischer Ehepaare – der Besuch soll die gegenseitige Liebe bestärken.

Der **Sari** ist ein traditionelles Kleidungsstück indischer Frauen. Viele schlingen sich das fünf bis neun Meter lange Tuch auch heute noch im Alltag um den Körper.

Hindus können aus unzähligen Göttinnen und Göttern selbst auswählen, welchen sie anbeten möchten: z. B. Ganesha. Er gilt unter anderem als „Herr der Hindernisse", der Hürden entweder beseitigt oder auch mal aufstellt, wenn man sich gegen ihn richtet. Viele sehen ihn als verspielten, humorvollen Gott, der gern einen Streich spielt – sicher mit ein Grund für seine Beliebtheit.

Die **Padaung** sind ein Bergvolk in Myanmar. Einige Frauen tragen dort seit ihrem sechsten Lebensjahr schwere Metallspiralen um den Hals, um ihn zu verlängern. Je älter und größer die Mädchen werden, umso länger werden die Spiralen. Am Ende erreichen sie teilweise 30 cm!

Maßstab 1:25 000 000

0   250   500   750   1000   1250 km

CHINA

Mani-Mühle
(Gebetsmühle)

Bergkloster in Tibet

Indus

Sutlej

Neu-Delhi ●

NEPAL

Thimphu

Kathmandu ●

● BHUTAN

Ganges

Brahmaputra

INDIEN

BANGLADESCH

Saluen

Dhaka ●

Kalkutta ●

Autorikscha

Golf von Bengalen

Arabisches Meer

ANDAMANEN
(INDIEN)

MALEDIVEN

SRI LANKA

Colombo ●

Malé ●

Stelzenfischer

Indischer Ozean

Victoria ●

SEYCHELLEN

ÄQUATOR

Bei uns lernen Kinder in der Schule 26 Buchstaben, die zusammengesetzt Wörter ergeben. In China dagegen muss man 3000 bis 5000 der insgesamt 80 000 **chinesischen Schriftzeichen** kennen, um eine einfache Tageszeitung lesen zu können. Jedes einzelne Zeichen steht nämlich nicht für einen Buchstaben, sondern für den Teil eines Wortes oder für ein ganzes Wort. Das ist so, als würdest du Bilder anschauen und diese aneinanderreihen, um daraus einen Satz zu bilden.

QUIZ!

Welches ist das größte von Menschen errichtete Bauwerk?

In Südostasien essen die Menschen üblicherweise nicht mit Besteck, wie wir es kennen, sondern mit **Stäbchen.** Damit greifen sie z. B. nach Sushi, kleinen Röllchen aus Reis, die mit rohem Fisch oder Gemüse gefüllt und mit Algenblättern umhüllt werden.

Die **Chinesische Mauer** ist das größte Bauwerk, das Menschen je errichtet haben. Sie erstreckt sich über eine Länge von 21 196 km, ist aber nicht mehr überall intakt.

Skyline von Tokio

Tokio

NORDKOREA

Pjöngjang

Seoul

SÜDKOREA

JAPAN

Peking

Chinesische Mauer

Huang He

Die Verbotene Stadt

Jangtsekiang

Terrakotta-Armee

Skyline von Hongkong

Taipeh

TAIWAN

Shwedagon

Hongshui He

HONGKONG

Pazifischer Ozean

Die Bühne des **Wasserpuppentheaters** in Vietnam besteht aus einem Wasserbecken. Die Puppenspieler stehen hinter einem Vorhang versteckt ebenfalls im Wasser und führen die Figuren an langen Stangen. Begleitet wird die Geschichte von einem Orchester, dessen Musiker nicht nur ihre Instrumente spielen, sondern auch die Stimmen der Puppen sprechen.

MYANMAR

Saluen

Mekong

Hanoi

LAOS

Irrawaddy

Naypyidaw

Vientiane

VIETNAM

THAILAND

Wat Pho

Manila

PHILIPPINEN

Angkor Vat

KAMBODSCHA

Bangkok

Phnom Penh

Großer Buddha auf Ko Fan

Petronas Towers

Bandar Seri Begawan

BRUNEI

MALAYSIA

Kuala Lumpur

SINGAPUR

Merlion Figur

I N D O N E S I E N

In und um Bangkok, Thailand, stehen Marktstände nicht auf der Straße, sondern treiben als vollbepackte Boote auf den Kanälen. Die **Händler** verkaufen frisches Obst, Gemüse, Fisch und Fleisch.

TIMOR-LESTE

Dili

Haus der Toba-Batak

Jakarta

Indien ist für seinen starken Monsunregen bekannt, den **Indischen Monsun.** Während der Sommermonate regnet es dann sehr viel auf einmal. Weil er für die Landwirtschaft unverzichtbar ist, feiern die Inder zahlreiche Feste, in denen sie ihre Götter um reichlich Monsunregen bitten. Er entsteht, wenn starke Monsunwinde feuchte Luftmassen vom Meer mitbringen.

Im höchsten Gebirge der Erde, im Himalaya, liegt auch der höchste Berg. Der **Mount Everest** ragt 8848 m in die Höhe. So weit oben überleben kaum Tiere und Pflanzen. Bis in etwa 6000 m Höhe wachsen Pilze und Flechten. Weiter oben wurden nur noch Vögel gesichtet, etwa Alpenkrähen beim Verspeisen von Abfällen der Bergsteiger und Streifengänse sogar beim Flug über die Bergspitze.

Der mehr als 2600 km lange **Ganges** gilt im Hinduismus, der wichtigsten Glaubensrichtung in Indien, als heilig. Die Hindus baden darin, um sich von ihren Vergehen zu reinigen. Jedoch ist der Fluss selbst durch Müll und Abwässer verschmutzt.

Der **Asiatische Elefant** unterscheidet sich vom Afrikanischen dadurch, dass er kleiner ist, kleinere Ohren, einen gewölbten Rücken und glattere Haut hat. Bei Asiatischen Elefanten tragen nur die Bullen zwei eindrucksvolle Stoßzähne. Wer die Tiere aus der Nähe betrachtet, entdeckt einen weiteren Unterschied: Die Asiatischen Elefanten haben nur einen Rüsselfinger anstelle von zweien. Mit diesem können sie beispielsweise Nahrung greifen und zum Maul führen.

Mangroven sind Pflanzen, die im Salzwasser überleben. Die Sundarbans an der Küste des Golfs von Bengalen sind die größten Mangrovenwälder der Erde.

Rund um die Inseln der **Malediven** lädt das türkisblaue Meer zum Schnorcheln und Tauchen ein. Zu sehen gibt es riesengroße Rochen, unzählige Fische und farbenfrohe Korallen.

Trampeltier

TIAN SHAN

Seidenraupe

KUNLUN SHAN

Yak

Saluen

Brahmaputra

Bartgeier

Indus

Sutlej

HIMALAYA

Jackfrucht

Ganges

MOUNT EVEREST

SUNDARBANS

Gangesdelfin

Godavari

Heilige Kuh

Golf von Bengalen

WESTGHATS

Monsunregen

ANDAMANEN (INDIEN)

MALEDIVEN

Indischer Ozean

Taucher und Schnorchler

ÄQUATOR

Weil der **Große Panda** ausschließlich Bambus frisst, wird er auch Bambusbär genannt. Nur in Zentralchina in 1500 bis 4000 m Höhe gibt es ausreichend große Bambuswälder, um den Pandabären satt zu kriegen. Immerhin braucht er 10 bis 20 kg Futter an einem einzigen Tag.

QUIZ!

Wie heißt der höchste Berg der Welt?

Überall auf den Philippinen haben Bauern riesige **Reisterrassen** an die Berghänge gebaut. Ein wunderschöner Anblick – von Menschenhand errichtet.

„Mensch des Waldes" bedeutet der Name **Orang-Utan** und beschreibt ihn damit sehr gut. Die rothaarigen Menschenaffen leben in den Regenwäldern auf den Inseln Sumatra und Borneo. Jeden Abend bauen sie sich in den Bäumen eine neue Schlafstätte aus Blättern und Ästen. Das ist praktisch, denn so sind sie vor Feinden geschützt und brauchen nur den Arm auszustrecken, um Früchte zu pflücken.

In Südostasien wachsen viele **Früchte,** die bei uns kaum jemand kennt. Eine davon ist die Durian-Frucht, die auch den Beinamen Stinkfrucht trägt. Sie ist so groß und stachelig wie ein Igel, und sie riecht selbst frisch nach einer Mischung aus faulen Eiern und Käse. Der Geschmack soll aber an Walnuss und Vanille erinnern.

GROSSER CHINGAN

NAN SHAN

Goldfasan

Mandschurenkranich

Japanmakak

Huang He

Jangtsekiang

Jangtsekiang

Mekong

Kleiner Panda

SÜDCHINESISCHES BERGLAND

Wasserbüffel

Hongshui He

Irrawaddy

Königstiger

Java-Nashorn

Südchinesisches Meer

Orchidee

Mekong

Gibbon

Königskobra

Garnele

Philippinenadler

Pazifischer Ozean

Paradiesvogel

Siamkatze

SUMATRA

Durian-Frucht

BORNEO

Riesenrafflesie

KERINCI

Gleithörnchen

Koboldmaki

Komodowaran

AUSTRALIEN UND OZEANIEN

Maßstab 1:25 000 000
0   250   500   750   1000   1250 km

Würde man das Wasser zwischen Australien und den rund 7500 Inseln Ozeaniens dazuzählen, wäre das der größte Kontinent. Da man aber nur die Landfläche einrechnet, sind wir hier beim kleinsten Erdteil gelandet. Zu seinen bekanntesten Ureinwohnern zählen die Māori auf Neuseeland und die Aborigines in Australien. Viel weniger hört man bei uns von dem Eroberungsvolk der Tongaer auf Tonga und den meist nackten Asmat aus Neuguinea.

Jahrtausendelang lebten die Ureinwohner Australiens, die **Aborigines,** als Jäger und Sammler. Alles, was sie brauchten, holten sie sich aus der Natur. Ihr einfaches, aber unbeschwertes Leben fand ein Ende, als die ersten europäischen Siedler nach Australien kamen. Es entstanden Konflikte um Nahrungsquellen und Landbesitz. Bis heute ist dadurch das Verhältnis zwischen Australiern und Ureinwohnern angespannt.

Das traditionelle Musikinstrument der Aborigines heißt **Didgeridoo.** Es besteht aus dem Holz von Eukalyptusbäumen. Man kann mit ihm tiefe Töne erzeugen.

Auf der Südhalbkugel herrscht immer eine der Nordhalbkugel entgegengesetzte **Jahreszeit:** Bibbern wir im Winter, schwitzen Australier in der Sommersonne. So kommt es, dass sie Weihnachten statt im Schnee am Strand feiern.

Im weiten **Outback** gibt es nur wenige Dörfer. Wird hier jemand krank, kommt der Arzt mit einem Flugzeug. Die Kinder gehen nicht in eine normale Schule, sondern in die „School of the Air". Sie eignen sich viel Unterrichtsstoff selbst an und werden über Internet und Funk unterrichtet. Weil es im Outback keine Zugschienen gibt, fahren stattdessen Road Trains, also „Straßenzüge". Das sind LKWs mit vielen Anhängern.

FÖDERIERTE STAATEN VON MIKRONESIEN   Palikir ●

PALAU

M I K R O

ÄQUATOR

PAPUA-NEUGUINEA

Arafurasee

Carpentariagolf

Port Moresby ●

M E L A

Korallensee

Timorsee

● Darwin

Didgeridoo

Dingo am Dingozaun

INDIAN PACIFIC

Indian Pacific Railroad

Diamantina

Cooper Creek

Brisbane ●

A U S T R A L I E N

Federation Square, Melbourne

Sydney Harbour Bridge

Perth ●

Skyline von Perth

Adelaide ●

Sydney ●

Murrumbidgee

● Canberra

Murray

● Melbourne

Indischer Ozean

TASMANIEN

QUIZ!
Wie heißen die Ureinwohner Australiens?

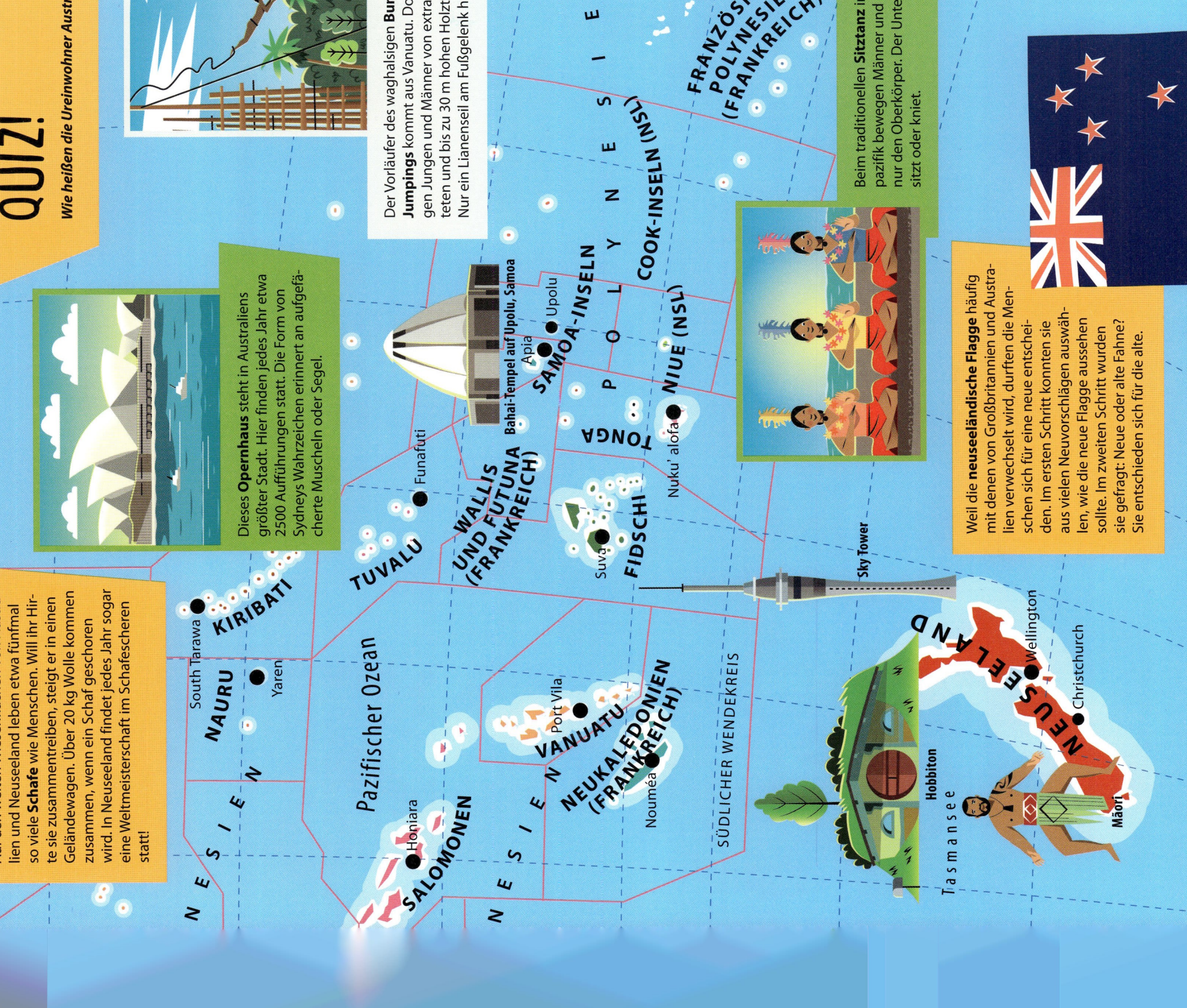

Der Vorläufer des waghalsigen **Bungee Jumpings** kommt aus Vanuatu. Dort springen Jungen und Männer von extra errichteten und bis zu 30 m hohen Holztürmen. Nur ein Lianenseil am Fußgelenk hält sie.

Beim traditionellen **Sitztanz** im Südpazifik bewegen Männer und Frauen nur den Oberkörper. Der Unterkörper sitzt oder kniet.

Dieses **Opernhaus** steht in Australiens größter Stadt. Hier finden jedes Jahr etwa 2500 Aufführungen statt. Die Form von Sydneys Wahrzeichen erinnert an aufgefächerte Muscheln oder Segel.

Weil die **neuseeländische Flagge** häufig mit denen von Großbritannien und Australien verwechselt wird, durften die Menschen sich für eine neue entscheiden. Im ersten Schritt konnten sie aus vielen Neuvorschlägen auswählen, wie die neue Flagge aussehen sollte. Im zweiten Schritt wurden sie gefragt: Neue oder alte Fahne? Sie entschieden sich für die alte.

Auf den weiten Wiesenflächen von Australien und Neuseeland leben etwa fünfmal so viele **Schafe** wie Menschen. Will ihr Hirte sie zusammentreiben, steigt er in einen Geländewagen. Über 20 kg Wolle kommen zusammen, wenn ein Schaf geschoren wird. In Neuseeland findet jedes Jahr sogar eine Weltmeisterschaft im Schafescheren statt!

FRANZÖSISCH-POLYNESIEN (FRANKREICH)
Papeete

COOK-INSELN (NSL)

SAMOA-INSELN
Bahai-Tempel auf Upolu, Samoa
Upolu
Apia

NIUE (NSL)
Nuku'alofa

TONGA

P O L Y N E S I E N

WALLIS UND FUTUNA (FRANKREICH)

TUVALU
Funafuti

FIDSCHI
Suva

Sky Tower

KIRIBATI
South Tarawa

NAURU
Yaren

Pazifischer Ozean

N E S I E N

VANUATU
Port Vila

NEUKALEDONIEN (FRANKREICH)
Nouméa

SÜDLICHER WENDEKREIS

SALOMONEN
Honiara

N E S I E N

NEUSEELAND
Wellington
Christchurch
Hobbiton
Māori
Tasmansee

Je nachdem, wie die Sonne steht, leuchtet der **Uluru** (auch Ayers Rock) von braungrau über orange bis tiefrot. Der etwa 350 m hohe Berg besteht aus Sandstein und erhebt sich würdevoll aus der Wüste mitten in Australien, dem sogenannten Outback. Für die Ureinwohner ist er heilig.

Vor der Nordostküste Australiens liegt im Meer eines der größten Naturwunder der Erde: das **Great Barrier Reef.** Insgesamt bedeckt es eine Fläche, die fast so groß wie Deutschland ist. Es besteht aus zahllosen Korallenriffen, die von schillernden Fischen, trägen Meeresschildkröten, gezackten Seesternen und vielen anderen Tieren bewohnt werden.

Der **Koala** hat seinen Namen von den austra-lischen Ureinwohnern, den Aborigines, erhal-ten. Er bedeutet „trinkt nicht". Koalas decken nämlich fast ihren gesamten Flüssigkeits-bedarf über das Fressen von Eukalyptusblättern. Wenn sie gerade nicht futtern, schlafen sie – bis zu 20 Stunden jeden Tag.

Kängurus sind in Australien, Tasma-nien und Neuguinea zu Hause. Die Weibchen tragen ihren Nachwuchs im Beutel. Auf Futtersuche hüpfen sie nachts durchs Gelände.

Flughund

M I K R O

Kasuar

Lori

Ameisenigel

Seewespe

Arafurasee

Golf von Carpentaria

Timorsee

Great Barrier Reef

Krokodil

Kragenechse

Indischer Ozean

Dornteufel

Emu

Wombat

MACDONNELL RANGES

O U T B A C K

Grasbaum

Kookaburra

Falltürspinne

ULURU

Purpurhuhn

Tannenzapfenechse

Wallaby

Wasseragame

Bartagame

Murray

Schnabeltier

Blauwal

Die Inselwelt im Pazifik heißt **Ozeanien** und besteht aus über 7500 Inseln, davon sind nur 2100 bewohnt. Die Fläche von Ozeanien ist etwa so groß wie Asien und Nordamerika zusammen, besteht allerdings zu 98 % aus Wasser.

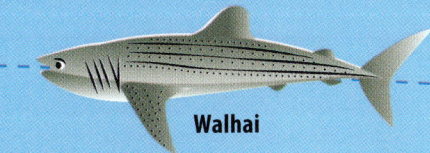
Walhai

QUIZ!

„Kiwi" heißen auf Neuseeland Vögel, Früchte und …?

N E S I E N

Anemonenfisch

Australien ist dafür bekannt, dass dort die **gefährlichsten Tiere** der Erde leben. Wird ein Mensch beispielsweise von den Quallententakeln einer Seewespe gestreift, kann er innerhalb weniger Minuten sterben! Das Gift der Kegelschnecken, die auf dem Meeresboden leben, wirkt sofort und kann für Menschen ebenfalls tödlich sein. Sogar Schnabeltiere haben einen Giftstachel am Hinterfuß, der sehr heftige Schmerzen verursachen kann.

ÄQUATOR

Bora Bora ist ein Korallenriff in Ringform. Das Naturparadies gehört zu Französisch-Polynesien und ist eines der teuersten Reiseziele der Welt.

M E L A N E S I E N

Pottwal

Falterfisch

Ziegensittich

P O L Y N E S I E N

Pazifischer Ozean

BORA BORA

Thunfisch

SÜDLICHER WENDEKREIS

Palmen

Grüne Meeresschildkröte

An den Stränden von Kiribati in Mikronesien klettert ein **Palmendieb** die Stämme hinauf. Dieser Krebs erntet in luftiger Höhe Kokosnüsse und öffnet sie dann am Boden.

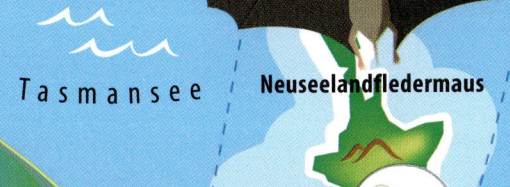

T a s m a n s e e

Neuseelandfledermaus

Kea

Kiwis gibt es in Neuseeland gleich dreimal: Da wäre ein pummeliger Vogel, der schnell laufen, aber nicht fliegen kann. Außerdem heißt die bekannte grüne Frucht mit der haarigen Haut so. Und weil Neuseeländer ihre zwei Natur-Kiwis so lieben, bezeichnen sie sich selbst ebenfalls als Kiwis.

Gelbaugenpinguin

DIE POLARGEBIETE

An den beiden Polen herrscht Eiseskälte – nicht einmal der härteste Winter in unseren Breiten ist annähernd damit vergleichbar. Die Antarktis rund um den Südpol ist ein eigener Kontinent. Man sieht die Landfläche nur nicht, weil sie von dickem Eis bedeckt ist. Die Arktis rund um den Nordpol besteht dagegen nur aus Eisplatten – ohne Erdboden darunter. Das Eis treibt einfach auf dem Nordpolarmeer.

Maßstab 1:30 000 000

0   300   600   900   1200   1500 km

In der Sprache der Inuit, der ursprünglichen Arktis-Bewohner, heißt der **Eisbär** „großer Jäger". Das ist er auch! Das größte an Land lebende Raubtier der Erde wird mit bis zu 3 m Körperlänge und bis zu 800 kg Gewicht etwa so lang und so schwer wie ein Kleinwagen. Dickes Fell umhüllt sogar seine Pfoten. Zusammen mit der fetten Speckschicht schützt es ihn vor der bitteren Kälte.

ARKTIS

NÖRDLICHER POLARKREIS

Schneeeule

KANADA

Rentier

Nordpolarmeer

Spatelraubmöwe

Narwal

RUSSLAND

Eisbrecher sind riesige Schiffe, die Wissenschaftler zu ihren Forschungsstationen an den Polen bringen. Damit die Schiffe wirklich Eis brechen können, sind ihre Wände doppelt dick und der Motor extra stark. Vorne am Bug haben sie eine scharfe Kante, die sich regelrecht durchs gefrorene Meer schneidet.

Klappmütze

PACKEIS

Polarfuchs

GEOGRAFISCHER NORDPOL

Eisbrecher

BAFFIN-INSEL (KANADA)

GRÖNLAND (DÄNEMARK)

Ringelgans

Inuit in Kleidung aus Robbenfell

Walross

Häufig erscheint im Winter ein atemberaubendes Flimmern am arktischen und antarktischen Himmel: **Polarlichter.** Wie bunte Schleier sehen die Wolken dann aus. Sie entstehen durch winzige Sonnenteilchen, die es bis zur Erde schaffen und sich an den Polen sammeln. Wenn diese auf Luft treffen, fangen sie an zu leuchten.

NORWEGEN

GRENZE DER ARKTIS

Pottwal

Papageitaucher

ISLAND

Europäisches Nordmeer

Eine dicke Eisschicht, das sogenannte **Packeis,** umgibt den Nordpol. Im Sommer schmilzt die Eisschicht teilweise, sodass große und kleine Schollen entstehen.

Atlantischer Ozean

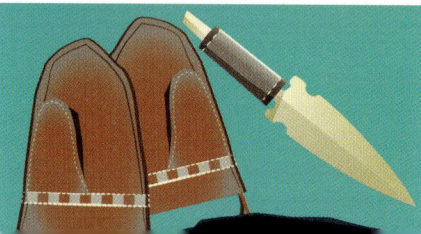

Den **Inuit** in der Arktis dienen Robben, Wale und Walrosse als Rohstofflieferanten. Ihr Fleisch wird gegessen, das Fett lässt Lampen leuchten, aus der Haut werden Kleidung und Kajaks, aus Knochen Werkzeuge und Waffen gefertigt.

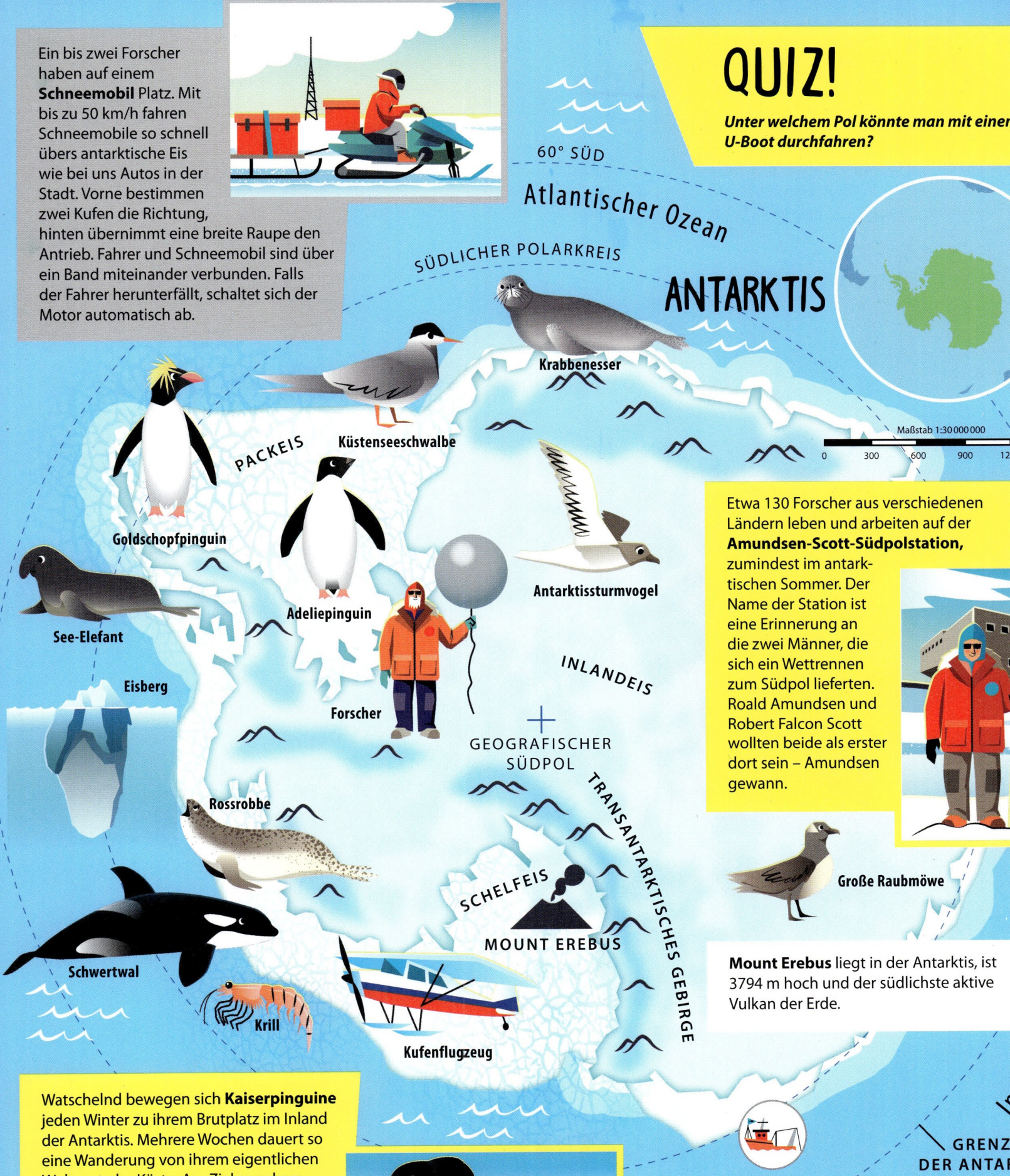

Ein bis zwei Forscher haben auf einem **Schneemobil** Platz. Mit bis zu 50 km/h fahren Schneemobile so schnell übers antarktische Eis wie bei uns Autos in der Stadt. Vorne bestimmen zwei Kufen die Richtung, hinten übernimmt eine breite Raupe den Antrieb. Fahrer und Schneemobil sind über ein Band miteinander verbunden. Falls der Fahrer herunterfällt, schaltet sich der Motor automatisch ab.

QUIZ!

Unter welchem Pol könnte man mit einem U-Boot durchfahren?

60° SÜD

Atlantischer Ozean

SÜDLICHER POLARKREIS

ANTARKTIS

Krabbenesser

Küstenseeschwalbe

PACKEIS

Goldschopfpinguin

Adeliepinguin

See-Elefant

Eisberg

Forscher

Antarktissturmvogel

Maßstab 1:30 000 000

0   300   600   900   1200   1500 km

Etwa 130 Forscher aus verschiedenen Ländern leben und arbeiten auf der **Amundsen-Scott-Südpolstation,** zumindest im antarktischen Sommer. Der Name der Station ist eine Erinnerung an die zwei Männer, die sich ein Wettrennen zum Südpol lieferten. Roald Amundsen und Robert Falcon Scott wollten beide als erster dort sein – Amundsen gewann.

GEOGRAFISCHER SÜDPOL

INLANDEIS

Rossrobbe

TRANSANTARKTISCHES GEBIRGE

Schwertwal

Krill

SCHELFEIS

MOUNT EREBUS

Kufenflugzeug

Große Raubmöwe

Mount Erebus liegt in der Antarktis, ist 3794 m hoch und der südlichste aktive Vulkan der Erde.

Indischer Ozean

GRENZE DER ANTARKTIS

Watschelnd bewegen sich **Kaiserpinguine** jeden Winter zu ihrem Brutplatz im Inland der Antarktis. Mehrere Wochen dauert so eine Wanderung von ihrem eigentlichen Wohnort, der Küste. Am Ziel angekommen, legen die Weibchen Eier auf die Füße der Männchen, damit der ungeschlüpfte Nachwuchs nicht sofort am Eisboden festfriert. Während die Weibchen zurück ins Meer gehen, brüten die Männchen die Eier aus.

Der **Antarktische Eisschild** kann fast 5000 m dick werden – so hoch wie die Alpen! Wenn im Winter dann auch noch ein Teil des Meeres gefriert, ist die Eiswüste etwa doppelt so groß wie im Sommer.

Pazifischer Ozean

43

REGISTER

QUIZ-LÖSUNGEN

Seite 7: Ca. 9500 Jahre
Seite 11: In Dubai, Vereinigte Arabische Emirate
Seite 13: 0 °C
Seite 15: 12 Sterne
Seite 17: Der Wisent
Seite 19: Algerien
Seite 20: Der Victoriasee

Seite 23: In New York
Seite 25: Tornados
Seite 27: Portugiesisch und Spanisch
Seite 29: Nach einer Schildkröte
Seite 31: Transsibirische Eisenbahn
Seite 33: In der Wüste von Bahrain
Seite 35: Die Chinesische Mauer

Seite 37: Mount Everest
Seite 39: Aborigines
Seite 41: … die Neuseeländer selbst
Seite 43: Unter dem Nordpol

AMERIKA

Antigua und Barbuda

Argentinien

Bahamas

Barbados

Belize

Bolivien

Brasilien

Chile

Costa Rica

Dominica

Dominikanische Rep.

Ecuador

El Salvador

Grenada

Guatemala

Guyana

Haiti

Honduras

Jamaika

Kanada

Kolumbien

Kuba

Mexiko

Nicaragua

Panama

Paraguay

Peru

St. Kitts und Nevis

St. Lucia

St. Vincent und die Grenadinen

Suriname

Trinidad und Tobago

Uruguay

Venezuela

Vereinigte Staaten von Amerika (USA)

ASIEN

Afghanistan

Armenien

Aserbeidschan

Bahrain

Bangladesch

Bhutan

Brunei

China

Georgien

Hongkong

Indien

Indonesien